MAIS SI VOUS VOUS

MORDEZ

»»→ ET VOUS ←««

DÉVOREZ

LES UNS LES AUTRES

MAIS SI VOUS VOUS

MORDEZ

▸▸─ ET VOUS ─◂◂

DÉVOREZ

LES UNS LES AUTRES

Principes bibliques pour gérer les conflits
(Galates 5.15)

ALEXANDER STRAUCH

ÉDITIONS IMPACT
230, rue Lupien
Trois-Rivières (Québec) G8T 6W4
Canada

Édition originale en anglais :
If you Bite and Devour one another
Biblical Principles for Handling Conflict

© 2011 par Alexander Strauch. Tous droits réservés.
Traduction par Antoine Doriath

Traduit et publié avec permission

© 2012 : Publications chrétiennes inc.
230, rue Lupien
Trois-Rivières (Québec) G8T 6W4
Canada

Tous droits réservés

Dépôt légal – 2ᵉ trimestre 2012

ISBN : 978-2-89082-147-7
Dépôt légal : Bibliothèque et Archives nationales du Québec
Bibliothèque et Archives Canada

À moins d'indications contraires, toutes les citations bibliques sont tirées de la version revue 1979 Louis Segond de La Société Biblique de Genève.

Table des matières

Abréviations

BDAG   W. Bauer, W. F. Arndt, F. W. Gingrich, and F. W. Danker, *Greek-English Lexicon of the New Testament* (3ᵉ édition)
BECNT   Baker Exegetical Commentary on the New Testament
BST   The Bible Speaks Today
IVP   InterVarsity Press
NAC   New American Commentary
NCB   New Century Bible
NIBC   New International Bible Commentary on the New Testament
NICNT   New International Commentary on the New Testament
NICOT   New International Commentary on the Old Testament
NIGTC   New International Greek Testament Commentary
NPNF   Nicene and Post-Nicene Fathers
NTC   New Testament Commentary
PNTC   The Pillar New Testament Commentary
TDNT   G. Kittel and G. Friedrich (éditeurs), *Theological Dictionary of the New Testament*
TNTC   Tyndale New Testament Commentary
WBC   World Biblical Commentary
WEC   Wycliffe Exegetical Commentary
ZECNT   Zondervan Exegetical Commentary on the New Testament

Introduction

« ... en toute humilité et douceur, avec patience, vous
supportant les uns les autres avec amour,
vous efforçant de conserver l'unité de l'Esprit
par le lien de la paix.»
Éphésiens 4.2,3

À l'instant même où Adam et Ève ont péché, ils ont
perdu la paix et l'harmonie du paradis. Leur péché les a
immédiatement plongés dans une situation conflictuelle,
Adam s'en prenant à Ève et celle-ci accusant le serpent
d'être le responsable de leurs actions coupables. Leur
péché a déclenché la guerre des sexes. La race humaine se
caractérise désormais plus par la désunion que par l'unité.
La vie dans le monde est devenue la vie sur un champ de
bataille.

Les conflits humains sont l'une des conséquences les
plus affreuses de l'entrée du péché dans le monde. À cause
du péché, toutes les relations humaines se traduisent par
des luttes et des conflits prêts à éclater. Nous pouvons
suivre la trace continue des conflits humains à travers les
guerres et divisions incessantes de l'Histoire humaine et,
malheureusement, de l'Histoire de l'Église également. Tout

au long de l'Écriture, nous apercevons la laide réalité du péché dans les guerres et les luttes cruelles même entre ceux qui sont appelés à être le peuple de Dieu :

— Le premier péché rapporté après l'expulsion d'Adam et Ève du jardin d'Éden est celui de Caïn qui tue son frère Abel. La jalousie, la colère incontrôlée, l'ambition égoïste et l'orgueil ont poussé Caïn à détester et à tuer son frère (Ge 4.8).

— Alors qu'ils étaient encore dans le sein maternel, les jumeaux Jacob et Ésaü luttaient pour la domination (Ge 25.22).

— Jaloux du statut de leur plus jeune frère, celui de fils préféré de leur père, dix des douze fils de Jacob vendirent Joseph comme esclave et mentirent à leur père en lui faisant croire que Joseph était mort (Ge 37.18-33).

— Lors de la traversée du désert, les enfants d'Israël critiquèrent le leadership de Moïse pendant des années et sans relâche, et s'opposèrent à son autorité. À un certain moment, Moïse voulut même mourir à cause de leurs critiques incessantes (No 11.14,15).

— Saül, le premier roi d'Israël, était un homme orgueilleux. Sa jalousie malsaine contre les succès de David, un jeune chef militaire, poussa le roi à commettre presque tous les péchés sociaux condamnés par la loi divine. Au lieu de se réjouir d'avoir à ses côtés un jeune meneur d'hommes aussi compétent, Saül fit tout ce qui était en son pouvoir pour l'éliminer (1 S 15.12 ; 18.6-16).

— Vers la fin du règne de David, son fils Absalom envoûta la nation pour qu'elle se détourne de son roi. Absalom avait la ferme intention de tuer son propre père fidèle à Dieu, et d'usurper le trône que

Dieu lui avait donné. L'attrait du pouvoir et l'ambition égoïste le poussèrent à la tromperie et au meurtre (2 S 15).

— Le péché d'idolâtrie du roi Salomon brisa l'unité d'Israël et divisa la nation en deux royaumes fréquemment opposés l'un à l'autre, chacun ayant son propre roi, son propre sanctuaire et son propre sacerdoce (1 R 12).

— Le Nouveau Testament témoigne du combat féroce entre les chefs religieux d'Israël, d'une part, et Jésus le Messie, d'autre part. Par haine et jalousie parce que Christ avait dénoncé leur comportement hypocrite et de propre juste, les chefs d'Israël ont « fait mourir le Prince de la vie » (Ac 3.15).

— Pendant sa vie terrestre, notre Seigneur eut également à combattre les ambitions égoïstes de ses disciples qui se querellaient pour savoir lequel d'entre eux était le plus grand, ou occuperait le trône à côté du sien (Mc 9.34 ; 10.37).

Faisons un bond dans le temps pour arriver à notre époque. Comment les chrétiens peuvent-ils travailler ensemble dans l'unité jusqu'au retour de Christ? La réponse à cette question est fondamentale pour comprendre comment aborder les conflits selon les principes bibliques. Jésus a enseigné les principes rares d'humilité, de service, de pardon et d'amour, et il a promis d'envoyer un Assistant pour aider ses disciples à vivre conformément à son enseignement. À la Pentecôte, après la mort, la résurrection et l'ascension de Jésus, Dieu a ainsi envoyé du ciel le Saint-Esprit pour qu'il demeure dans tous les croyants. Par la puissance dont le Saint-Esprit les revêtait et par l'obéissance aux enseignements de Jésus, les disciples furent capables de travailler ensemble en harmonie en tant que premier corps dirigeant chrétien. La venue du Saint-Esprit n'a cependant pas éliminé toutes les luttes ni toutes les controverses au sein du peuple de Dieu habité par l'Esprit. Les Églises de la période néotestamentaire ont connu de nombreux conflits. *En abordant ces sujets, les auteurs inspirés du Nouveau Testament ont fourni un enseignement inestimable sur la manière dont les chrétiens doivent penser, agir et se traiter les uns les autres lorsque des conflits surgissent.* L'étude de l'Écriture nous apprend comment Dieu veut que nous vivions en harmonie même lorsque nous sommes en désaccord les uns avec les autres.

Il est utile de garder à l'esprit le fait qu'il n'y a aucun mal à ce que des chrétiens ne soient pas tous d'accord entre eux, ni à ce qu'ils défendent passionnément leurs doctrines. C'est ainsi que nous apprenons, que nous affûtons et que nous rectifions notre façon de penser, et que nous aidons les autres à progresser. Le Saint-Esprit se sert souvent du bouleversement émotionnel qui accompagne les désaccords et les conflits pour attirer notre attention et nous inciter à opérer les changements nécessaires dans nos familles, nos Églises et notre vie personnelle. Le conflit nous aide aussi à prendre conscience de nos faiblesses de caractère, à corriger nos idées théologiques erronées, à préciser nos croyances, à peaufiner nos plans, à croître en sagesse et en expérience dans la vie, à apprendre à faire confiance à Dieu dans les moments difficiles et à approfondir notre vie de prière.

Le malheur est que, dans leurs désaccords, des croyants se conduisent d'une manière contraire à la piété et à l'enseignement biblique. Hélas, ce comportement n'est pas rare. Je me suis entretenu avec beaucoup de gens qui avaient connu une très douloureuse scission dans l'Église. Le plus attristant n'était pas le désaccord, mais les réactions désagréables qui l'accompagnaient, à savoir les termes méchants utilisés, les explosions de colère, les réactions puériles, l'horrible manifestation d'orgueil et d'égoïsme, les invectives, la banalisation du péché et la désobéissance ouverte à la Parole de Dieu, le refus de pardonner et le peu d'envie de se réconcilier.

Aussi, lorsque j'entendis parler d'une Église qui avait déjà cinquante-cinq ans de remarquable histoire d'unité et de paix, je voulus connaître son secret. Au cours de son histoire, l'Église avait procédé à de nombreux changements difficiles en matière de doctrine et de style de vie. La plupart de ses leaders avaient une forte personnalité et avaient pris des mesures décisives. L'Église avait pourtant survécu sans se déchirer.

Comment cette Église avait-elle atteint un tel degré d'unité et procédé à des changements importants sans rupture ? La réponse qu'un des responsables a donnée à cette question est la clé du problème : «*Grâce à l'assistance du Saint-Esprit, nous nous sommes toujours efforcés de penser et d'agir conformément aux principes bibliques, notamment lors de nos moments conflictuels les plus tendus.*»

Cette Église avait rencontré des problèmes et des désaccords comme n'importe quelle autre Église. Les membres s'étaient blessés et irrités mutuellement d'innombrables fois. Ils connaissaient les défauts et les points faibles agaçants les uns des autres. Mais ils savaient également que Christ les avait appelés à s'aimer mutuellement avec ferveur, à être des serviteurs humbles, à se soumettre les uns aux autres, à se supporter patiemment les uns les autres, à tenir le langage de la vérité, à se pardonner et à concilier leurs différences, à adopter des attitudes justes les uns à l'égard des autres, à manifester en tout temps le fruit de l'Esprit, en particulier dans les moments de crise.

Les membres de cette Église savaient que «les œuvres de la chair», à savoir l'orgueil, la colère, la jalousie et l'ambition égoïste peuvent détruire une famille spirituelle et ses dirigeants. Ils savaient qu'il existait une façon juste et une façon coupable de se traiter les uns les autres en face de désaccords. Ils savaient que Dieu avait donné des directives pour gérer correctement les conflits. Ils décidèrent donc de devenir des gens de principes, c'est-à-dire de se conformer aux principes bibliques particuliers qui indiquent comment aborder le conflit. Cet engagement à adopter les attitudes et les comportements bibliques inspirait leurs réactions mutuelles quand un conflit éclatait.

Dans ce livre, mon intention est d'analyser la méthode divine de gestion des conflits pour que d'autres assemblées chrétiennes puissent, elles aussi, maintenir la paix et l'unité. Cette étude puisera dans l'Écriture les principes clés applicables à la gestion des conflits, *avec un accent particulier sur les attitudes et les comportements bibliques*. Certains de ces principes sont des déclarations directes faites par le Seigneur à propos des conflits (Mt 18.15-17). D'autres découlent d'instructions générales concernant le comportement chrétien adéquat qui s'impose encore plus fortement lorsque des chrétiens se querellent.

Tous les croyants chrétiens doivent connaître et appliquer ces principes bibliques parce que nous faisons tous face un jour ou l'autre à des controverses et à des problèmes relationnels. Les responsables d'Églises ont tout particulièrement besoin de comprendre les principes bibliques pour gérer les conflits, car les responsables exercent une influence déterminante sur la manière dont les conflits sont gérés dans une assemblée locale. Les leaders à tous les niveaux peuvent aggraver la situation s'ils s'y prennent mal pour résoudre les problèmes conflictuels. Les dirigeants peuvent donc favoriser la recherche de solutions paisibles et la réconciliation s'ils parviennent à gérer les conflits de manière constructive. Les Églises se faciliteront considérablement la tâche en enseignant aux chrétiens comment se comporter bibliquement lorsqu'un conflit éclate et en cultivant la responsabilité mutuelle de tous en cas d'attitudes et de comportements coupables. Le respect fidèle des principes bibliques constitue la meilleure politique pour empêcher des relations brisées et le discrédit qui retombe sur l'Évangile.

Mon but en écrivant ce livre est de communiquer une meilleure compréhension de ce que la Bible enseigne à propos des conflits, et d'aider les croyants à y faire face conformément aux principes bibliques. Pour ne pas fournir une information écrasante par son volume, le livre se concentre strictement sur la présentation et l'étude des passages bibliques qui traitent des conflits dans les Églises du Nouveau Testament. Il n'aborde pas les aspects pratiques de la médiation ou de l'arbitrage, car il existe d'excellents ouvrages consacrés à ces sujets. La taille raisonnable du livre et son plan facile à retenir en font un outil utile pour celui qui est engagé dans la résolution des conflits et pour les responsables d'Églises chargés d'enseigner la vérité de Dieu concernant les conflits. Les trois premiers chapitres posent les principes bibliques fondamentaux :

1. Agir dans l'Esprit
2. Agir dans l'amour
3. Agir dans l'humilité

Les sept chapitres restants abordent des principes particuliers pour résoudre les conflits :

4. Maîtriser sa colère
5. Maîtriser sa langue
6. Attention à la critique !
7. Rechercher la réconciliation
8. Rechercher la paix

9. Faire face aux faux docteurs
10. Faire face aux controverses

Il est impératif que les responsables de l'Église enseignent ces principes, et que tous les croyants les appliquent. Si, lorsque des conflits éclatent, nous nous arrêtions un instant pour examiner les instructions de la Parole de Dieu et chercher les directives du Saint-Esprit, nous éviterions bon nombre de comportements destructeurs qui caractérisent nos querelles. Et nous empêcherions d'inutiles ruptures de communion fraternelle.

Un évangéliste qui avait fondé plusieurs Églises au cours d'une bonne quarantaine d'années me confia que chacune finit par disparaître à cause des disputes entre croyants. Aucun effort soutenu n'avait été accompli pour enseigner aux nouvelles Églises et à leurs leaders comment gérer un conflit selon les principes bibliques. À l'opposé, un missionnaire qui avait travaillé ailleurs me raconta comment lui et les autres missionnaires avaient travaillé ensemble pour réaliser l'unité entre eux et avec leurs organisations missionnaires. Il s'ensuivit que l'Église porta un fruit plus abondant.

Le pays dans lequel travaillait ce groupe de missionnaires avait été témoin de nombreuses divisions entre les missionnaires précédents et les organisations missionnaires. Ils voulurent donc éviter à tout prix que pareille situation regrettable se reproduise ; ils étudièrent donc les raisons pour lesquelles les missions précédentes avaient échoué. Ils découvrirent que des années de luttes intestines coupables et de méfiance entre les missionnaires et leurs organisations avaient retenu la bénédiction du Seigneur et freiné les progrès du message de l'Évangile.

Pour repartir sur de nouvelles bases solides, ce nouveau groupe de missionnaires rédigea un document soulignant les principes bibliques pour gérer les conflits susceptibles d'éclater entre eux. Le texte incluait l'engagement de se dire la vérité les uns aux autres, de ne jamais avoir recours à la calomnie ou à la médisance. Ils promirent de ne pas dire du mal les uns des autres et se mirent d'accord pour décrire avec exactitude leurs croyances mutuelles. Ils décidèrent de suivre les instructions bibliques et de se reprendre réciproquement en cas de problèmes connus. Ils s'engagèrent à prier les uns pour les autres et çà s'aimer les uns les autres malgré leurs différences. Cette attitude se révéla extrêmement fructueuse.

Le désir et la prière de mon cœur, c'est que ce livre fasse mieux prendre conscience aux croyants individuels et aux Églises de l'importance de l'enseignement, de l'apprentissage et de la mise en pratique des principes qui honorent Christ pour gérer les conflits.

Voici, oh! qu'il est agréable, qu'il est doux pour des frères de demeurer ensemble!
Ps 133.1

1

Agir dans l'Esprit

Mais si vous vous mordez et vous dévorez les uns les autres, prenez garde que vous ne soyez détruits les uns par les autres.
Galates 5.15

L'Église Chapel Hill, une importante assemblée de croyants fermement attachés à la Bible, avait invité un évangéliste pour une semaine de messages spéciaux. Au terme de la semaine, l'évangéliste exhorta les membres à développer une communion plus profonde avec Christ et à s'engager davantage dans l'annonce de l'Évangile. Puis, sans ostentation, sans pression et sans rappels multipliés à l'infini, il invita les gens à s'avancer au pied de l'estrade et à s'agenouiller avec lui pour prier. Ses messages avaient touché le cœur de beaucoup d'auditeurs qui répondirent à son appel.

Mais cette Église n'était pas habituée à ces invitations lancées du haut de la chaire, et vers la fin de la réunion, un membre éminent de l'assemblée exprima à haute voix pour être entendu de tous son désaccord avec l'appel de l'évangéliste. Ses paroles fortes et irritées, ainsi que les traits de son visage choquèrent les personnes autour de lui. Il accusa l'évangéliste de pratiques non bibliques et de manipulation émotionnelle. Il menaça même de quitter l'Église si les responsables ne rétablissaient pas immédiatement la situation.

En entendant les accusations de l'homme en colère, certaines personnes prirent la défense de l'évangéliste. Ils avaient vu que Dieu s'était servi de lui pour raviver leur Église spirituellement desséchée et approuvaient son exhortation à évangéliser davantage. Ils se mirent à accuser ceux qui s'opposaient à l'appel de l'évangéliste en les taxant d'être des traditionalistes bornés qui avaient toujours résisté à tout changement. Ils leur reprochèrent d'être insensibles aux directives du Saint-Esprit et de ne pas se soucier des perdus.

Lorsque des conflits surgissent, nos attitudes et comportements devraient refléter la vie nouvelle en Christ que nous communique l'Esprit qui vit en nous.

D'autres personnes prirent le parti de l'opposant en colère, affirmant que l'évangéliste prêchait un Évangile à l'eau de rose. Ils firent des remarques désobligeantes sur les mobiles et le caractère de l'évangéliste et qualifièrent de «libéraux» tous ceux qui partageaient son opinion. Ils s'en prirent également aux responsables de l'Église et leur reprochèrent leur manque de discernement spirituel. Ils allèrent même jusqu'à exiger leur démission en déclarant qu'ils avaient péché contre l'Église en ayant invité à prêcher un loup déguisé en brebis.

Très vite, les lignes téléphoniques furent saturées de commérages et de rumeurs. Les griefs passés des uns contre les autres resurgirent, et des accusations blessantes fusèrent dans toutes les directions. Des discours colériques et incendiaires devinrent le mode de communication. Désinformation, crainte, suspicion et méfiance prirent des proportions énormes. Chaque camp recruta et compta ses amis et parents. Les dirigeants de l'Église avaient peu de vraie communication avec l'assemblée. Colère et haine atteignirent des niveaux inimaginables. Dans l'année qui suivit, l'Église se scinda en deux groupes. Chacun prétendait défendre la vérité de Dieu. Aucun groupe ne manifestait le moindre désir de réconciliation. Chacun des deux groupes était heureux d'être débarrassé de l'autre.

Le nom de cette Église et ce récit sont fictifs, mais les comportements adoptés ne le sont pas. La description des querelles n'est nullement exagérée. Elle traduit les attitudes et les comportements observés dans d'innombrables autres querelles et scissions dans les Églises.

Quel que soit notre point de vue théologique sur les appels à s'avancer, lancés du haut de la chaire, nous devrions être d'accord pour dire que le comportement de ces chrétiens témoignait d'un mépris total pour presque tous les commandements bibliques concernant la façon chrétienne de se conduire et de parler. Ils se conduisaient comme des gens qui ignoraient tout de l'Évangile et du Saint-Esprit. Ils ressemblaient davantage à des enfants gâtés et malpolis qu'à des croyants matures et habités par l'Esprit Saint.

La vue des effets désastreux de tels conflits devrait nous inciter à nous demander : « Comment des croyants fermement attachés à la Bible et habités par l'Esprit de Dieu, possédant les directives de la Parole de Dieu doivent-ils gérer leurs conflits ? » Aucun groupe humain n'est mieux équipé que les croyants bibliques pour gérer les conflits de façon constructive. Christ accorde la puissance du Saint-Esprit pour nous rendre capables d'obéir à la Parole de Dieu et maîtriser nos passions coupables.

Le thème de ce chapitre est fondamental pour le reste du livre : *Lorsque des conflits surgissent, nos attitudes et comportements devraient refléter la vie nouvelle en Christ que nous communique l'Esprit qui vit en nous. Nous devons afficher le fruit de l'Esprit et non les œuvres de la chair. Il nous faut marcher selon les directives de l'Esprit, sous le contrôle de l'Esprit et non sous celui de la chair, ou sans aucun contrôle.* Examinons ce principe fondamental tel qu'il est exposé dans Galates 5.13-26 ; 1 Corinthiens 3.1-4 et Jacques 3.13-18. Ces trois passages de l'Écriture constituent le socle sur lequel repose la plus grande partie de ce livre. Les deux chapitres suivants traiteront de l'amour et de l'humilité, deux fruits majeurs de l'Esprit.

1. LORSQU'UN CONFLIT ÉCLATE, N'AFFICHEZ PAS « LES ŒUVRES DE LA CHAIR »

Bon nombre de guerres intestines et de divisions inutiles qui tourmentent beaucoup d'Églises aujourd'hui sont dues au fait que des chrétiens agissent selon la chair au lieu de marcher selon l'Esprit. C'était déjà le cas de certaines Églises du Nouveau Testament. Connaissant les nuisances potentielles de ce comportement, Paul aborde le problème dans ses lettres aux Églises de la Galatie et de Corinthe.

a. Conflits coupables dans les Églises de la Galatie

De sérieux désaccords sur le rôle de la loi mosaïque à propos du salut et de la vie chrétienne menaçaient l'existence et l'unité des nouvelles Églises fondées en Galatie[1]. Paul, l'un des fondateurs de ces Églises, met en garde les nouveaux croyants :

> Mais si vous vous mordez et vous dévorez les uns les autres, prenez garde que vous ne soyez détruits les uns par les autres (Ga 5.15).

---

1. Actes 13.13 – 14.27.

Selon un commentateur, ce comportement « convenait davantage à des bêtes sauvages qu'à des frères en Christ[2] ». Si ces nouveaux croyants n'arrêtaient pas rapidement de se quereller, aucun ne survivrait au carnage. Après avoir averti de l'autodestruction possible de la communauté de croyants, il indique clairement la cause : « les œuvres de la chair[3] » :

> Or, les œuvres de la chair sont évidentes ; ce sont la débauche, l'impureté, le dérèglement, l'idolâtrie, la magie, *les rivalités, les querelles, les jalousies, les animosités, les disputes, les divisions, les sectes, l'envie,* l'ivrognerie, les excès de table, et les choses semblables. Je vous dis d'avance, comme je l'ai déjà dit, que ceux qui commettent de telles choses n'hériteront point le royaume de Dieu (Ga 5.19-21 ; italiques pour souligner).

Les huit péchés sociaux indiqués en italiques décrivent des attitudes et des comportements coupables parmi les chrétiens galates. Il est vraisemblable que vous avez constaté plusieurs de ces comportements dans votre propre expérience de vie d'Église. À propos de ces huit « œuvres de la chair », sachez ceci : le Saint-Esprit est fermement opposé à chacune d'elles[4]. Le verset 17 affirme en effet : « Car la chair a des désirs contraires à ceux de l'Esprit, et l'Esprit en a de contraires à ceux de la chair ; ils sont opposés entre eux. » Le Saint-Esprit n'incite pas les croyants à commettre ces péchés sociaux, à savoir se mordre et se dévorer les uns les autres, ou provoquer mutuellement des accès de colère ou de jalousie amère.

2. R. A. Cole, *The Epistle of Paul to the Galatians,* TNTC, Grand Rapids, Eerdmans, 1965, p. 157.
3. Le terme *chair* s'applique à la condition humaine faible et déchue, privée de la vie de Dieu et assujettie au pouvoir du péché. Voir la note spéciale au mot *chair* dans l'Appendice.
4. Le lecteur trouvera une explication détaillée de chacune des œuvres de la chair dans un bon dictionnaire biblique.

Paul indique également que la vaine gloire (ou l'orgueil) est à la racine de ces comportements vils et pécheurs :

> Ne cherchons pas une vaine gloire, en nous provoquant les uns les autres, en nous portant envie les uns aux autres (Ga 5.26).

La vanité a conduit certains Galates à provoquer la colère d'autres chrétiens, les entraînant dans des discussions théologiques pour prouver leur connaissance supérieure. Dans d'autres cas, elle poussait d'autres chrétiens à envier ceux qui portaient ombrage à l'importance qu'ils cherchaient à se donner. Ainsi, au lieu de se rendre « par amour, serviteurs les uns des autres » (Ga 5.13), les Galates se provoquaient et s'enviaient les uns les autres.

Le catalogue des vices sociaux que Paul dresse devrait servir de frein objectif à nos débordements comportementaux. La prochaine fois que vous serez impliqué dans un conflit, arrêtez-vous et réfléchissez. Vous savez que vous cédez aux « désirs de la chair » si votre attitude ou votre comportement exprime l'un ou l'autre des vices coupables dénoncés ci-dessus.

Ainsi, lorsque le frère de notre histoire du début lance ses accusations courroucées contre l'évangéliste, il cède visiblement aux « désirs de la chair » plutôt qu'aux directives de l'Esprit. Quand d'autres chrétiens commencent à se diviser en factions opposées et à se témoigner mutuellement de l'hostilité, ils nourrissent des sentiments de rivalité et d'inimitié. Ces œuvres coupables de la chair montrent clairement qu'ils ne suivaient pas les « désirs de l'Esprit ».

b. Conflit coupable dans l'Église de Corinthe

Dans l'Église de Corinthe, des chrétiens étalaient leurs coupables « œuvres de la chair » qui alimentaient un conflit néfaste. D'ailleurs, « autant que nous sachions, il n'y avait pas une seule autre Église fondée par Paul qui

Les œuvres de la chair

Rivalités	Querelles
Querelles	Jalousies
Jalousies	Animosités
Animosités	Rivalités
Disputes	Médisances
Divisions	Calomnies
Sectes	Orgueil
Envie	Troubles
(Galates 5.19-21)	(2 Corinthiens 12.20)

ait été autant marquée par le péché et la division[5]». Les chrétiens corinthiens avaient le Saint-Esprit ; mais par leur attitude et leur comportement, ils ressemblaient à des gens qui en étaient privés. David Garland fait remarquer qu'ils n'agissaient par «autrement que le reste de la société corinthienne[6]». Autrement dit, ils constituaient un groupe de chrétiens animés par l'esprit du monde.

Dans sa lettre à cette Église déchirée par des rivalités, Paul met le doigt sur le problème :

> En effet, puisqu'il y a parmi vous de la jalousie
> et des disputes, n'êtes-vous pas charnels, et ne
> marchez-vous pas selon l'homme ? Quand l'un dit :
> Moi, je suis de Paul ! et un autre : Moi, d'Apollos !
> n'êtes-vous pas des hommes ? (1 Co 3.3,4)

Les Corinthiens avaient beau se vanter de leur spiritualité et de leur connaissance, leurs querelles, leurs jalousies et leur esprit de parti prouvaient qu'ils ne marchaient pas selon l'Esprit. Ils possédaient d'abondants dons de l'Esprit, mais manquaient des grâces de ce même Esprit. Leur façon de vivre ne correspondait pas à celle de gens qui professent marcher selon l'Esprit et présentent les vérités de l'Évangile.

Et dans 2 Corinthiens 12.20, Paul énumère huit péchés de discorde parmi les Corinthiens : «querelles, jalousies, animosités, rivalités, médisances, calomnies, orgueil, troubles». Si les Corinthiens persistent à les pratiquer, ils s'exposent à de sévères remontrances de l'apôtre. Cette liste de huit péchés sociaux est semblable à celle de Galates 5.19-21. Ils sont tous la manifestation des «œuvres de la chair» et entraînent de nombreux conflits. L'Église de Corinthe ne pouvait nourrir aucun espoir d'unité tant que

---

5. Ralph P. Martin, *2 Corinthians*, WBC, Waco, Texas, Word, 1986, p. 464.
6. David E. Garland, *1 Corinthians*, BECNT, Grand Rapids, Baker, 2003, p. 110.

les croyants n'avaient pas reconnu leur conduite charnelle, non chrétienne et ne s'en étaient pas repentis.

2. LORSQU'UN CONFLIT ÉCLATE, METTEZ EN AVANT LE «FRUIT DE L'ESPRIT»

Dieu a toujours souhaité que son peuple vive d'une manière qui montre son caractère saint au monde incroyant. Né de l'Esprit de Dieu, chaque croyant est une «nouvelle création» en Christ (Ga 6.15) ; à ce titre, il doit gérer les conflits d'une manière radicalement différente de celle du monde gouverné par la chair[7]. *Il y a une chose que les chrétiens ne doivent pas faire quand ils se trouvent dans une situation conflictuelle : revenir à leur façon de se conduire d'avant leur conversion, quand ils obéissaient à la chair*[8].

> **Il ne faut rien moins que la présence intérieure du Saint-Esprit pour rendre les croyants capables de résister aux désirs de la chair et de mener la vie selon Christ.**

a. Marcher par l'Esprit

La vie chrétienne commence dès l'instant où une personne reçoit le Saint-Esprit de Dieu et passe par une transformation radicale et profonde de sa vie. La différence entre l'ancienne vie d'avant la conversion et la nouvelle d'après est la même que celle entre la mort et la vie, ou entre la vie dans la lumière et la vie dans les ténèbres épaisses[9]. Cette vie nouvelle doit se poursuivre par la foi dans la Parole de Dieu et dans la dépendance du Saint-Esprit qui, par sa présence, confère la puissance de la mener.

---

7. Lé 18.1-5 ; 2 Co 6.14 – 7.1 ; Ja 1.27 ; 4.4.
8. Ép 2.1,2 ; 4.17-29 ; 5.3-17 ; Col 3.7 ; 1 Pi 1.14 ; 4.3,4.
9. *Mort et vie* : Ro 6.13 ; 1 Jn 3.14 ; 5.12 ; *Lumière et ténèbres* : Ép 5.8 ; 1 Pi 2.9.

Paul part du principe que ses lecteurs galates ont accepté l'Évangile et sont nés de nouveau par l'Esprit. Il leur reproche cependant de ne pas vivre en accord avec la puissance et les directives de l'Esprit. Beaucoup d'entre eux essayaient de mener leur vie chrétienne en s'appuyant sur leurs propres forces et en observant les lois de Moïse de l'Ancien Testament au lieu de compter sur la puissance de l'Esprit. C'est pourquoi, en réponse aux conflits interpersonnels et aux idées fausses que les Galates avaient de la vie chrétienne, l'apôtre les exhorte à «marcher par l'Esprit», autrement dit à être «conduits par l'Esprit» ou à «vivre par l'Esprit».

> Je dis donc : Marchez selon l'Esprit, et vous n'accomplirez pas les désirs de la chair... Si vous êtes conduits par l'Esprit, vous n'êtes point sous la loi... Si nous vivons par l'Esprit, marchons aussi selon l'Esprit (Ga 5.16,18,25).

Ce passage est l'un des plus importants du Nouveau Testament sur la manière de vivre la vie chrétienne. Pour reprendre l'expression d'un théologien, c'est de «la dynamite théologique[10]». La marche par l'Esprit requiert un effort actif quotidien et soutenu pour mener la vie chrétienne grâce à la présence et à la puissance du Saint-Esprit. *Il ne faut rien moins que la présence intérieure du Saint-Esprit pour rendre les croyants capables de résister aux désirs de la chair et de mener la vie selon Christ.*

b. Afficher un caractère semblable à celui de Christ par le fruit de l'Esprit

Le Saint-Esprit cherche à reproduire dans la vie de tout chrétien individuel et dans toute Église locale les qualités de caractère qui se trouvaient en Christ. Elles inspirent

---

10. George T. Montague, *The Holy Spirit : Growth of a Biblical Tradition*, New York, Paulist Press, 1976, p. 200.

les attitudes justes, la conduite pieuse et des relations humaines saines, ces qualités dont les Églises de Galatie avaient cruellement besoin, elles qui s'entre-déchiraient. Les neuf facettes du «fruit de l'Esprit» que Paul décrit forment un tableau composite d'un caractère semblable à celui de Christ : «l'amour, la joie, la paix, la patience, la bonté, la bienveillance, la foi, la douceur, la maîtrise de soi ; la loi n'est pas contre ces choses» (Ga 5.22,23). Nous savons que nous marchons par l'Esprit lorsque nous voyons «le fruit de l'Esprit manifesté dans notre comportement de tous les jours et dans nos attitudes[11]».

Selon un commentateur, le fruit de l'Esprit «n'est rien moins que la reproduction pratique du caractère (et donc de la conduite) de Christ dans la vie de son peuple[12]». Le «fruit de l'Esprit» constitue donc un guide objectif pour nos attitudes et notre comportement quand nous sommes face à un conflit. Nous devons donc toujours nous demander : «Est-ce que je fais preuve d'un caractère semblable à celui de Christ et conforme à la vie de l'Esprit quand je suis devant un désaccord ou une personne qui s'oppose à moi?» Espérons pouvoir tous dire : «Oui!» Donald Guthrie déclare : «Il est très regrettable que la vie d'Église a souvent fait naufrage parce que ses membres ont négligé leur devoir de marcher selon l'Esprit[13].»

Quand on est pris dans la tempête d'un conflit, une facette du fruit de l'Esprit particulièrement utile pour naviguer en sécurité dans la tempête est la «maîtrise de soi» (Ga 5.23). *Le manque de maîtrise de soi est un problème majeur lors d'un conflit, mais le Saint-Esprit communique la force qui surmonte les excès charnels engendrés par les passions telles que la colère, la jalousie, la haine et l'esprit*

11. Le lecteur trouvera une explication détaillée de chacune des facettes du fruit de l'Esprit dans un bon dictionnaire biblique.
12. F. F. Bruce, *The Epistle to the Galatians : A Commentary on the Greek Text*, NIGTC, Grand Rapids, Eerdmans, 1952, p. 257.
13. Donald Guthrie, *Galatians*, NCB, Londres, Oliphants, 1969, p. 142.

de vengeance. Les croyants qui maîtrisent leurs émotions et leur raisonnement grâce à la puissance de l'Esprit sont plus capables de gérer un conflit de façon constructive et d'arriver à une solution juste. Ces chrétiens-là ne mordent pas et ne dévorent pas leurs frères et sœurs en Christ.

À l'inverse, quand des personnes agissent selon la chair, elles perdent leur maîtrise émotionnelle. Elles n'affichent pas le fruit de l'Esprit et ont le pouvoir de causer des dégâts terribles aux autres et au nom de Christ. C'était le cas de l'Église imaginée au début de ce chapitre. Des gens de l'extérieur n'auraient jamais pu imaginer que l'Esprit du Christ vivant habitait dans le cœur de ces membres d'Église. Ceux-ci ne marchaient pas d'une manière digne de l'Évangile et ne ressemblaient pas du tout à de nouvelles créations en Christ. Ils se caractérisaient davantage par la colère, l'orgueil, le désir de vengeance et la calomnie. Ce n'était plus qu'une question de temps avant qu'ils ne soient « détruits les uns par les autres ».

3. LORSQU'UN CONFLIT ÉCLATE, FAITES PREUVE DE LA SAGESSE D'EN HAUT

Jacques, le demi-frère du Seigneur, donne un bon conseil à propos des conflits entre chrétiens. Il parle de deux types de sagesse qu'il est important de discerner lorsqu'on se trouve face à un conflit :

> Mais si vous avez dans votre cœur un zèle amer
> et un esprit de dispute, ne vous glorifiez pas et
> ne mentez pas contre la vérité. Cette sagesse
> n'est point celle qui vient d'en haut ; mais elle est
> terrestre, charnelle, diabolique. Car là où il y a un
> zèle amer et un esprit de dispute, il y a du désordre
> et toutes sortes de mauvaises actions. La sagesse
> d'en haut est premièrement pure, ensuite pacifique,
> modérée, conciliante, pleine de miséricorde et

Fruit de l'Esprit	Sagesse d'en haut
Amour	Pure
Joie	Pacifique
Paix	Modérée
Patience	Conciliante
Bonté	Pleine de miséricorde
Bienveillance	Pleine de bons fruits
Foi	Exempte de duplicité
Douceur	Exempte d'hypocrisie
Maîtrise de soi	
(Galates 5.22,23)	(Jacques 3.17)

de bons fruits, exempte de duplicité, d'hypocrisie (Ja 3.14-17).

Il s'agit avant tout d'une sagesse d'en haut qui procède de l'Esprit de Dieu. Elle entraîne avec elle la pureté du cœur et de l'esprit, l'esprit doux de la conciliation, la grâce, la sincérité et la paix (Ja 3.17). Et puis il y a la sagesse d'en bas, qui est « terrestre, charnelle, diabolique ». Elle inspire les paroles incontrôlées, une jalousie amère[14], un esprit de dispute ou de rivalité, des passions débridées, des querelles, de l'orgueil, « du désordre et toutes sortes de mauvaises actions » (Ja 3.2 – 4.6).

Lorsqu'un violent désaccord nous oppose à des frères en Christ, servons-nous de Jacques 3 pour guider notre comportement et nos paroles, car ce chapitre traite tout spécialement de la bonne utilisation de la langue et précise la conduite chrétienne adéquate. Sans cette sagesse, nous risquons fort de « nous mordre et de nous dévorer les uns les autres ».

Dans une Église, l'assemblée avait, de justesse et dans une ambiance survoltée, voté le licenciement de son pasteur. Aussitôt après, certains membres se levèrent d'un bond pour se féliciter, siffler et se réjouir de la décision prise. Ils ne semblaient pas du tout tenir compte de la présence des enfants du pasteur qui regardaient les gens célébrer le renvoi de leur père. À votre avis, quel impact un tel comportement a-t-il pu avoir sur leur conception des chrétiens et de la vie chrétienne dans l'Église ?

Comment Dieu juge-t-il un tel comportement ? Il suffit de lire Jacques 3.15 pour savoir que cette conduite s'inspire de la sagesse d'en bas qui est « terrestre,

---

14. Notons que la jalousie (l'envie) se trouve bien placée dans toutes les listes de vices. Elle est une cause majeure de conflits entre chrétiens, et surtout entre Églises et entre les serviteurs de l'Évangile (Ph 1.15 ; Ro 13.13 ; Ga 5.20,21,26 ; 1 Co 3.3 ; 2 Co 12.20 ; Ja 3.14,16). L'amour, lui, n'est « point envieux » (1 Co 13.4).

charnelle, diabolique» et qu'elle entraîne du «désordre et toutes sortes de mauvaises actions» au sein de la famille ecclésiale. Les vainqueurs avaient peut-être remporté les élections et chassé le pasteur, mais devant le tribunal de Christ, c'est Dieu qui aura le dernier mot à propos de leur «succès[15]».

4. APPRENDRE À GÉRER LES DIFFÉRENDS EN CHRÉTIENS CONTRÔLÉS PAR L'ESPRIT

Lors d'un conflit, le chrétien a l'une des meilleures occasions de montrer qu'il marche par l'Esprit. Si seulement nous pouvions reconnaître en tout conflit un test auquel est soumis notre caractère pour savoir s'il ressemble à celui de Christ ou non, si nous reflétons la sagesse d'en haut et l'impact profond de l'Évangile sur notre façon de vivre[16]. Si seulement les chrétiens qui avaient congédié leur pasteur avaient décelé cette mise à l'épreuve et avaient cherché à conformer leurs attitudes à la sagesse d'en haut! Si seulement les croyants de l'Église Chapel Hill, évoquée au début de ce chapitre, avaient reconnu l'existence d'un test et s'étaient montrés aussi troublés par leurs attitudes et comportements coupables que par leur empressement à répondre à l'invitation à s'avancer, lancée par l'évangéliste! Aussi incroyable que cela paraisse, dans les deux cas, les croyants étaient décidés à agir de façon coupable et contraire à la Bible, pour «gagner» ou prouver qu'ils avaient «raison». Ils ne semblaient pas du tout se soucier qu'ils attristaient le Saint-Esprit de Dieu en pratiquant «les œuvres de la chair» que le Nouveau Testament condamne fermement.

Lors de nombreuses querelles dans les Églises, les croyants se battent pour des prétendues vérités qui ne sont même pas explicitement révélées dans l'Écriture, alors qu'ils violent de la façon la plus évidente l'enseignement

15. 1 Co 3.12-17 ; 2 Co 5.10.
16. De 13.3 ; 1 Co 11.19.

clair et répété de l'Écriture à propos de la conduite et des attitudes conformes à la piété. Ce chapitre s'est ouvert sur l'histoire du frère qui entra dans une violente colère après avoir entendu l'appel de l'évangéliste. Lui, les membres et les responsables de l'Église Chapel Hill ont manifesté «les œuvres de la chair» plutôt que «le fruit de l'Esprit» dans leur façon de gérer le problème. Qu'auraient-ils dû faire différemment pour demeurer en phase avec l'Esprit et les instructions de notre Seigneur Jésus-Christ?

a. Prier

Dès qu'il s'était rendu compte que ses émotions l'avaient malmené, l'homme aurait dû demander à son Père céleste la sagesse et la maîtrise de soi. S'il avait prié «par l'Esprit[17]», le Saint-Esprit lui aurait rappelé des passages particuliers de l'Écriture — qu'il avait déjà lus maintes fois — concernant la manière dont le croyant conduit par l'Esprit doit penser et agir quand il est agressé sur le plan de ses émotions. D'ailleurs, tous les membres de l'Église Chapel Hill auraient dû demander à l'Esprit de les guider avant d'agir.

La prière est essentielle à la marche par l'Esprit. Celui-ci s'en sert pour nous convaincre de notre péché, et nous pousse à le confesser et à corriger nos voies. Les attitudes et comportements coupables des deux parties de l'assemblée prouvent qu'ils ne s'étaient pas suffisamment appuyés sur les instructions de la Parole ni sur la puissance de l'Esprit. L'homme furieux et les autres membres de l'Église avaient préféré prendre l'affaire en mains, laissant ainsi la chair dicter leur comportement.

b. Contrôler nos attitudes et notre conduite

Dieu ne veut pas diriger les membres de son peuple pour qu'ils se mordent et se dévorent les uns les autres comme des

---

17. Ro 8.26,27 ; Ga 4.6 ; Ép 6.18 ; Jud 20.

bêtes sauvages. En tant que chrétiens nourris de la Parole, le frère courroucé et les autres membres de Chapel Hill auraient dû *passer leurs attitudes et leur conduite au crible de la Parole de Dieu que l'Esprit utilise toujours pour guider le peuple du Seigneur.* Ils auraient dû se rendre compte qu'ils cédaient aux «désirs de la chair» et accomplissaient «les œuvres de la chair», parce qu'ils étaient inspirés par la sagesse d'en bas. Ils auraient dû sentir que leur colère enflait et cherchait à contrôler la situation, et ils auraient dû, à ce moment-là, être doublement prudents pour empêcher que la colère non maîtrisée offre au diable l'occasion en or d'accomplir son œuvre destructrice (Ép 4.27).

Ils auraient dû renoncer à toute calomnie et à toute médisance à l'encontre de l'évangéliste, ainsi qu'aux accusations incendiaires les uns contre les autres. Ils ne pouvaient en aucun cas justifier leur comportement en déclarant lutter pour la vérité, car leur attitude le contredisait. Ils avaient perdu toute perspective équilibrée quant à ce qui est le plus important. Les appels à s'avancer, lancés du haut de la chair, ne sont pas coupables en soi ; en revanche, ce qui *est* mal, c'est de donner libre cours à une colère sans bornes et aux hostilités entre frères. Chacun aurait dû attendre que ses réactions émotives se calment et que ses pensées redeviennent claires pour pouvoir aborder le problème avec une sagesse, une patience, une bonté, une lucidité et une maîtrise de soi émanant de l'Esprit.

c. Agir par amour

L'amour aurait dû inciter l'homme à penser d'abord au bien-être spirituel des personnes autour de lui plutôt qu'à son désir personnel de donner son avis et de céder à la colère. Animé de sentiments d'amour à l'image de Christ, il aurait dit : «Personnellement, je n'approuve pas les invitations à s'avancer vers l'estrade, mais je sais que cet évangéliste prêche Christ crucifié à beaucoup de gens perdus. J'en remercie Dieu. Je m'agenouillerai et prierai pour que l'Esprit se serve de lui et conduise encore plus de monde à venir à Christ[18]. »

Mettre le bien d'autrui en premier, voilà ce que signifie marcher dans l'amour par la puissance de l'Esprit. Pour leur part, les chrétiens de Chapel Hill n'agissaient pas par amour les uns envers les autres. Ils ne se supportaient « pas les uns les autres avec amour » (Ép 4.2). Ils avaient la connaissance de l'amour (dont ils se vantaient!), mais transgressaient tous les principes néotestamentaires relatifs à l'amour.

d. Demander conseil à des chrétiens remplis de l'Esprit

Avant de condamner l'initiative de l'évangéliste invitant les gens à s'avancer, l'homme incriminé aurait dû demander conseil aux responsables de l'Église. L'Écriture affirme que le Saint-Esprit établit des personnes chargées de « veiller sur » le troupeau pour faire paître l'Église de Dieu (Ac 20.28). Or, l'homme en question n'a pas consulté les bergers de l'assemblée pour leur faire part de sa préoccupation ou demander leurs directives. D'ailleurs, les leaders de l'Église auraient dû inviter les membres de la congrégation à venir parler avec eux s'ils avaient des questions ou s'ils voulaient leur faire part de rumeurs nécessitant d'être abordées.

La recherche de conseils auprès d'autres croyants remplis de l'Esprit est l'une des manières par lesquelles l'Esprit dirige. Les chrétiens ont besoin de leaders qui leur rappellent les attitudes et le comportement justes que

---

18. Cette attitude s'inspire de celle de Paul : «... tandis que ceux-là, animés d'un esprit de dispute, annoncent Christ dans des intentions qui ne sont pas pures et avec la pensée de me susciter quelque affliction dans mes liens. Qu'importe? De toute manière, que ce soit pour l'apparence, que ce soit sincèrement, Christ n'est pas moins annoncé : je m'en réjouis, et je m'en réjouirai encore» (Ph 1.17,18).

le chrétien doit adopter dans les moments stressants de désaccord. Leurs dirigeants doivent les mettre en garde contre les méfaits du commérage et de la calomnie. Quel dommage que les responsables de l'Église n'aient pas su immédiatement déceler le problème et proposer à l'assemblée une façon d'agir claire et constructive ! (voir Ac 6.1-3.)

e. Traiter les autres avec égards et bonté

L'homme qui avait un problème avec l'évangéliste ne semblait pas connaître les attitudes à adopter ou la manière de se conduire pour bien gérer le désaccord entre les croyants. 2 Timothée 2.24-26 est pourtant clair à ce sujet :

> Or, il ne faut pas qu'un serviteur du Seigneur ait des querelles ; il doit, au contraire, être affable pour tous, propre à enseigner, doué de patience ; il doit redresser avec douceur les adversaires, dans l'espérance que Dieu leur donnera la repentance pour arriver à la connaissance de la vérité, et que, revenus à leur bon sens, ils se dégageront des pièges du diable, qui s'est emparé d'eux pour les soumettre à sa volonté.

Bien que ce passage s'applique avant tout à l'attitude qu'il faut adopter en face des faux docteurs et de leurs adeptes, il sert aussi de guide quant à la façon dont nous devons nous conduire à l'égard de nos frères dans la foi avec lesquels nous sommes en désaccord sur des points de doctrine.

Au bon moment, l'homme mécontent aurait pu s'approcher de l'évangéliste et, sans l'accuser ni s'en prendre à ses motivations profondes, lui demander quelles étaient ses raisons pour adresser cette invitation à s'avancer. Cela lui aurait peut-être donné l'occasion d'apprendre quelque chose de l'évangéliste et, en retour, il aurait pu l'aider. Tous deux auraient sans doute mieux compris ce que signifie marcher d'une manière «digne de l'Évangile de Christ» (Ph 1.27).

f. Être humble

Après avoir pris conscience de son comportement et constaté le chaos qu'il avait provoqué dans l'Église, notre homme aurait dû s'humilier et se repentir de son explosion de colère. Il avait choisi le mauvais moment et le mauvais lieu pour s'emporter. Il avait calomnié un serviteur du Seigneur et mis en doute ses motivations profondes, ce qu'il n'avait pas le droit de faire. Il lui aurait fallu reconnaître son péché et s'en repentir, et s'excuser auprès des personnes qui avaient été témoins des accusations furieuses qu'il avait portées.

Au moment où la querelle était sur le point d'éclater, les responsables de l'Église auraient dû appeler les membres à prier, à jeûner et à se repentir pour retrouver une attitude d'humilité et d'amour. Ils n'auraient pas dû vouloir régler le problème avant que les mauvaises attitudes égoïstes ne soient d'abord corrigées. Avec une attitude d'humilité contrôlée par l'Esprit, le désaccord sur le bien-fondé des invitations à s'avancer aurait pu se résoudre de façon courtoise et constructive. Mais les croyants avaient préféré se mordre et se dévorer les uns les autres, étalant ainsi aux yeux de tous «les œuvres de la chair».

Comment réagirons-nous aux conflits aussi bien entre chrétiens qu'entre Églises? Saurons-nous mettre en avant la beauté du fruit de l'Esprit Saint, ou étalerons-nous la laideur des œuvres de la chair? Tout conflit révèle si nous pratiquons ce que nous prêchons, si nous mettons la Parole en pratique ou si nous nous contentons de l'écouter (Ja 1.22). Tout conflit met en lumière l'authenticité de notre vie chrétienne (1 Co 11.19). Jésus a dit : «Si vous savez ces choses, vous êtes heureux, pourvu que vous les pratiquiez» (Jn 13.17). Nous sommes tous responsables devant lui.

Si nous vivons par l'Esprit,
marchons aussi selon l'Esprit.
Ne cherchons pas une vaine gloire,
en nous provoquant les uns les autres,
en nous portant envie les uns aux autres.
Galates 5.25,26

Principes clés à garder en mémoire

1. Devant un conflit, manifestez «le fruit de l'Esprit» et non «les œuvres de la chair». Soyez maîtrisé par l'Esprit et ne perdez pas le contrôle de vous-même.

2. Souciez-vous autant des attitudes et du comportement que de l'issue du désaccord.

3. Ne vous mordez pas et ne vous dévorez pas les uns les autres.

2

Agir dans l'amour

L'amour couvre une multitude de péchés.
1 Pierre 4.8

La question des conflits entre croyants préoccupait beaucoup Francis Schaeffer, l'un des penseurs et auteurs évangéliques les plus influents de la fin du xxᵉ siècle[1]. Schaeffer est peut-être mieux connu pour son foyer, l'Abri, qu'il a ouvert dans les Alpes suisses à tout chercheur de réponses aux questions existentielles ultimes. La revue *Time* décrivit sa «mission auprès des intellectuels» comme «l'une des missions les plus inhabituelles dans le monde occidental[2]».

Jeune universitaire et chrétien de fraîche date, Schaeffer s'était rendu compte que son Église locale et sa dénomination religieuse avaient abandonné le christianisme historique orthodoxe au profit du libéralisme théologique. Il avait alors quitté sa dénomination et s'était rattaché à une dénomination évangélique nouvellement formée. Mais en l'espace de deux ans, des questions de personnalité et de doctrine avaient entraîné une scission au sein de la nouvelle dénomination, et Schaeffer était devenu un participant actif

---

1. Pour une biographie, voir Colin Duriez, *Francis Schaeffer. An Authentic Life*, Wheaton, Illinois, Crossway, 2008.
2. «Mission to Intellectuals», Time du 11 janvier 1960.

du groupe minoritaire qui s'était donné un nouveau nom et possédait son propre séminaire. Des années plus tard, il s'était volontairement séparé de cette dénomination qui avait connu une nouvelle scission peu après.

Par son expérience personnelle pénible, Francis Schaeffer connaissait la laideur des querelles qui opposent de vrais croyants à propos de différences doctrinales. Il fut attristé de voir des gens se mordre et se dévorer les uns les autres au nom de Christ. Il vit que quelque chose ne tournait pas rond dans la manière dont les chrétiens géraient leurs désaccords et en conclut que *l'élément manquant était l'amour*[3].

Schaeffer enseignait que les croyants ne devaient pas être connus seulement pour leur attachement inébranlable à la vérité de l'Écriture, mais également pour leur amour indéfectible les uns pour les autres, même en cas de désaccord. L'âpreté du combat en faveur de la vérité, de la saine doctrine et de la pureté de l'Église doit être compensée par la douceur de l'amour et de la grâce. Selon la terminologie de Schaeffer, pour dire la vérité et agir *en même temps* selon l'amour, il faut le revêtement de puissance du Saint-Esprit. L'équilibre entre l'amour et la vérité ne peut être obtenu dans la chair[4].

> **Les croyants ne doivent pas être connus seulement pour leur attachement inébranlable à la vérité de l'Écriture, mais également pour leur amour indéfectible les uns pour les autres, même en cas de désaccord.**

3. Duriez, *Francis Schaeffer. An Authentic Life*, p. 87. Francis Schaeffer, *The Church Before the Watching World*, dans *The Complete Works*, vol. 4, Livre 2, Westchester, Illinois, Crossway, 1983, p. 151-163.
4. «Nous devons à chaque instant contempler l'œuvre de Christ et l'œuvre du Saint-Esprit. La spiritualité commence à avoir un vrai sens dans notre vie de chaque instant à partir du moment où nous commençons à manifester simultanément la sainteté de Dieu et l'amour de Dieu» (Schaeffer, *The Church Before the Watching World*, p. 152).

1. L'AMOUR INDIQUE COMMENT AGIR EN PRÉSENCE D'UN CONFLIT

L'enseignement de Schaeffer sur la nécessité d'agir avec amour quand on prend la défense de la vérité n'est pas nouveau. Paul était un défenseur infatigable de la vérité de l'Évangile, ce qui ne l'empêcha pas d'écrire sur les sujets de l'amour et des conflits plus que tout autre écrivain néotestamentaire. Amour et vérité ne sont pas adversaires, et il n'est pas nécessaire de sacrifier l'un pour l'autre. D'ailleurs, l'amour «se réjouit de la vérité» (1 Co 13.6).

L'insistance avec laquelle Paul pratique l'amour dans les conflits se voit clairement dans ses rapports avec l'Église de Corinthe. Les Corinthiens avaient beau se vanter de leur connaissance et de leurs dons, ils étaient tristement célèbres pour leurs querelles et leurs luttes intestines. Ils manquaient d'amour ; en conséquence, ils démolissaient l'Église au lieu de l'édifier ; ils divisaient l'Église au lieu de l'unir ; ils freinaient l'œuvre de Dieu au lieu de la faire avancer.

L'apôtre écrit aux Corinthiens que l'amour est indispensable à tout ce qu'ils disent et font (1 Co 13.1-3) et poursuit par quinze descriptions précises de l'amour (v. 4-7). Les chrétiens de notre temps considèrent souvent ces versets comme un beau poème sur l'amour et le citent lors de cérémonies de mariage ; ce n'était cependant pas là l'intention de Paul. *Il écrivait à une Église en situation de conflits ; c'est dans ce contexte qu'il nous faut comprendre son message :*

> L'amour est patient, il est plein de bonté ;
> l'amour n'est point envieux ; l'amour ne se vante point,
> il ne s'enfle point d'orgueil, il ne fait rien de malhonnête,
> il ne cherche point son intérêt,

> il ne s'irrite point, il ne soupçonne point le mal,
> il ne se réjouit point de l'injustice, mais il se réjouit
> de la vérité ;
> il excuse tout, il croit tout, il espère tout,
> il supporte tout (1 Co 13.4-7).

Après avoir indiqué deux qualités de l'amour («patient» et «plein de bonté»), Paul énumère huit défauts totalement incompatibles avec l'amour. Chacun de ces vices exprime l'égoïsme coupable qui crée et exacerbe les conflits, et détruit les relations. Ces péchés sont l'œuvre de la chair ; ils régnaient dans l'Église de Corinthe et continuent d'engendrer et d'alimenter des conflits dans les Églises et dans la vie personnelle des chrétiens d'aujourd'hui.

Quand nous imposons notre façon de faire et que nos désirs égoïstes sont contrariés, nous avons recours aux disputes et aux querelles. Notez comment Jacques décrit les effets de nos désirs égoïstes :

> D'où viennent les luttes, et d'où viennent les
> querelles parmi vous ? N'est-ce pas de vos
> passions qui combattent dans vos membres ?
> Vous convoitez, et vous ne possédez pas ; vous
> êtes meurtriers et envieux, et vous ne pouvez pas
> obtenir ; vous avez des querelles et des luttes
> (Ja 4.1,2).

À l'opposé, l'amour chrétien authentique ne se préoccupe pas de lui-même, il n'est pas enflé d'orgueil, il ne cède pas facilement à la colère, il ne tient pas rancune et ne cherche pas à se venger (1 Co 13.4,5). L'amour chrétien est mis en lumière dans l'amour de Jésus qui «a donné sa vie pour nous» comme un exemple nous incitant «nous aussi... [à] donner notre vie pour les frères» (1 Jn 3.16).

Bon nombre des premières Églises chrétiennes regroupaient des gens de classes sociales tellement distinctes et différentes que les conflits étaient inévitables. Esclaves et hommes libres, riches et pauvres, savants et ignorants, Juifs traditionnels et païens aux anciennes mœurs débridées, tous savaient qu'ils n'étaient plus séparés par leur statut social, mais unis comme frères et sœurs en Christ. Comment de telles assemblées pouvaient-elles subsister? Uniquement grâce à l'amour sacrificiel produit par le Saint-Esprit! Comme l'affirme un commentateur, «c'est cet amour (et seulement lui) qui est assez fort pour maintenir unie une assemblée d'individus aussi disparates[5]».

Ne soyons donc pas pris à l'improviste. Quand nous sommes en désaccord, les instructions de Paul sur l'amour dans 1 Corinthiens 13.4-7 *indiquent la conduite que nous devons ou ne devons pas adopter*[6]. Avant de vous rendre à une réunion potentiellement explosive ou à une rencontre personnelle tendue, repassez dans votre esprit les descriptions bibliques de l'amour. Rappelez-vous que l'amour est la première facette du fruit de l'Esprit[7], et décidez ensuite de marcher «dans l'amour» (Ép 5.2) par la puissance de l'Esprit. Rappelez-vous ce que l'amour fait et ne fait pas. *Décidez d'avance comment vous allez réagir vis-à-vis de ceux avec lesquels vous êtes en désaccord.* Que l'amour ne soit jamais l'élément manquant dans vos relations avec vos frères et sœurs en Christ.

2. L'AMOUR NE CHERCHE PAS À SE VENGER DES TORTS SUBIS

5. James D. G. Dunn, *The Epistles to the Colossians and to Philemon*, NIGTC, Grand Rapids, Eerdmans, 1996, p. 232.
6. Pour un développement de chacune de ces quinze qualités de l'amour, voir *A Christian Leader's Guide to Leading With Love*, Littleton, Colorado, Lewis and Roth, 2006, p. 39-88.
7. Ro 5.5 ; 15.30 ; Ga 5.22 ; Col 1.8.

Aujourd'hui encore, certains groupes tribaux primitifs perpétuent une coutume qui consiste à demander à un membre d'une tribu de venger les blessures subies ou la mort d'un autre membre de la tribu en tuant à coup de lance quelqu'un de la tribu ennemie. Ces tribus considèrent comme une honte le refus de se venger, et le pardon comme une faiblesse. Ces lois orales entraînent des guerres tribales sans fin et des meurtres insensés.

L'amour atténue l'ardeur de la plupart des conflits en refusant de se venger.

Les chrétiens qui se querellent aujourd'hui ne transpercent pas à coups de lance, mais ils infligent de nombreuses blessures par leurs paroles mordantes et leurs regards courroucés. *Jésus, lui, a enseigné et appliqué le principe de ne pas se venger.* « Si quelqu'un te frappe sur la joue droite », dit-il, « présente-lui aussi l'autre » (Mt 5.39). Dans son commentaire sur 1 Pierre, Thomas R. Schreiner présente le silence de Jésus dans la souffrance comme « la preuve la plus remarquable de son esprit opposé à toute vengeance, sachant que l'envie de se venger est pratiquement insupportable quand on est maltraité[8] ».

À la suite de l'enseignement et de l'exemple de Jésus, Paul et Pierre interdisent la mentalité de rendre la pareille tellement ancrée dans la nature humaine :

- Ne rendez à personne le mal pour le mal (Ro 12.17).

- Ne rendez point mal pour mal, ou injure pour injure ; bénissez, au contraire, car c'est à cela que vous avez été appelés (1 Pi 3.9).

- … lui qui, injurié, ne rendait point d'injures, maltraité, ne faisait point de menaces, mais s'en remettait à celui qui juge justement (1 Pi 2.23).

---

8. Thomas R. Schreiner, *1, 2 Peter, Jude*, NAC, Nashville, Tennessee, Broadman & Holman, 2003, p. 143.

Lorsque nous sommes injuriés, ne rendons pas l'injure ; lorsque nous sommes maudits, ne maudissons pas en retour ; lorsqu'une personne nous frappe, ne rendons pas le coup ; traités avec méchanceté, ne nous vengeons pas. Soyons différents de ceux qui nous font du mal[9]. Au lieu de rendre le mal pour le mal, marchons dans l'amour et ne devenons pas comme nos adversaires ni comme ceux que nous combattons.

L'amour cherche à réconcilier et à réparer les relations détruites. Il abandonne les injustices passées entre les mains de Dieu. L'Écriture interdit de se venger et de se faire justice soi-même : « Ne vous vengez point vous-mêmes, bien-aimés, mais laissez agir la colère ; car il est écrit : À moi la vengeance, à moi la rétribution, dit le Seigneur » (Ro 12.19). Il appartient à Dieu de punir le mal, et il a donné autorité aux gouvernements humains et aux tribunaux de juger et de châtier les malfaiteurs (Ro 13.1-7).

L'amour « ne trame pas le mal » (1 Co 13.5 ; *Semeur*) ; il ne garde pas la trace des torts subis dans le but de les rendre. L'amour ne nourrit pas de ressentiments et ne réveille pas d'anciennes blessures. Il n'entretient pas les rancunes. Bref, *l'amour atténue l'ardeur de la plupart des conflits en refusant de se venger*. L'amour n'est pas vaincu par le mal, il triomphe du mal par le bien (Ro 12.21). Il offre le pardon à l'offenseur et demande pardon en cas de besoin.

Paul et Barnabas, deux géants de la foi, eurent entre eux une violente dispute. Leur cas constitue un exemple biblique important de croyants qui sont en désaccord mais qui ne cherchent pas à se venger et ne se livrent pas un combat à vie. Le « dissentiment assez vif » qui les opposa sur la question de s'adjoindre Jean surnommé Marc, le cousin de Barnabas, pour leur deuxième voyage missionnaire, les amena à prendre des voies séparées. Barnabas prit Marc et

9. Lé 19.17,18 ; Pr 20.22 ; 24.17,18,29.

Paul fit choix de Silas ; ils constituèrent ainsi deux équipes missionnaires (Ac 15.36-41).

Le récit de Luc laisse la querelle entre Paul et Barnabas sans solution. Même les meilleurs serviteurs de Dieu peuvent être en désaccord l'un avec l'autre et se rendre compte qu'ils ne peuvent pas travailler étroitement ensemble. Mais bien que leur dissentiment fût vif, Paul et Barnabas n'ont pas nourri leur désaccord personnel pendant des années. Ils ne se sont pas envoyé des lettres de reproches. Ils n'ont pas créé de nouvelles dénominations. Au contraire, ils refusèrent de dire du mal l'un de l'autre et de conserver le souvenir de leurs frustrations et de leurs torts. D'ailleurs, Paul fit plus tard l'éloge de Barnabas son collaborateur dans le service de l'Évangile (1 Co 9.3-6) et demanda à Timothée de lui amener Marc : « il m'est très utile pour le ministère », écrit-il (2 Ti 4.11 ; aussi Col 4.10).

> **Si nous négligeons de prier, nous laissons Dieu en dehors de nos conflits, et nous agissons en nous privant de ses directives et de sa puissance.**

3. L'AMOUR TRIOMPHE DU MAL PAR LA PRIÈRE, LA PATIENCE ET LA BONTÉ

Le monde aime la douce mélodie de la vengeance, mais Dieu préfère la musique suave de la prière, de la patience et de la bonté. Quand nous sommes blessés ou traités injustement, gérons le conflit avec la patience de Dieu et la bonté de Christ[10]. Nous le faisons en recherchant d'abord l'aide et les directives de Dieu par la prière, en

---

10. *Patience* : Ex 34.6 ; Jé 15.15 ; Ro 2.4 ; 9.22 ; Ga 5.22 ; 1 Ti 1.16 ; 2 Pi 3.9,15. *Bonté* : Ru 2.20 ; 2 S 9.3 ; Ps 106.7 ; 145.17 ; Lu 6.35 ; Ro 2.4 ; 11.22 ; Ép 2.7 ; Tit 3.4 ; 1 Pi 2.3. *L'exemple et les instructions de Paul* : 2 Co 6.3,4,6 ; 2 Ti 2.24 ; 4.2.

manifestant ensuite la patience aimable et la bonté par notre comportement.

a. Prière

Dans une culture où la haine de l'ennemi et l'esprit de vengeance ne sont pas seulement des attitudes acceptables mais des formes raffinées d'art, les déclarations radicales de Jésus sur l'amour ont dû choquer ses disciples :

• Aimez vos ennemis, priez pour ceux qui vous persécutent (Mt 5.44).

• Aimez vos ennemis, faites du bien à ceux qui vous haïssent, bénissez ceux qui vous maudissent, priez pour ceux qui vous maltraitent (Lu 6.27,28).

Lorsque des gens, croyants ou incroyants, nous maltraitent ou nous persécutent, nous devons réagir en manifestant l'amour de la manière la plus positive et la plus dynamique qui soit. Jésus ne nous appelle pas à être des martyrs passifs qui acceptent leur sort avec le sourire ; nous devons «bénir» ceux qui nous font du mal et non les «maudire» ! (Ro 12.14 ; 1 Pi 3.9.) Le Seigneur veut que nous demandions à Dieu d'avoir pitié et de changer le cœur de ceux qui nous maltraitent[11]. *Ce genre de prière est un élément clé pour gérer un conflit d'une manière qui honore Dieu.*

Quand nous prions pour ceux qui nous maltraitent, le Saint-Esprit transforme notre caractère et nous rend plus semblables à Christ. L'Esprit oriente notre cœur vers la meilleure façon de réagir avec amour et agit également dans le cœur de ceux pour lesquels nous prions. Si nous négligeons de prier, *nous laissons Dieu en dehors de nos conflits, et nous agissons en nous privant de ses directives et de sa puissance.*

---

11 Lu 23.34 ; Ac 7.60.

b. Patience

Dans cette vie, nous subirons de nombreuses blessures et injustices, même de la part d'amis et de parents. Quand des chrétiens sont traités injustement, ils doivent réagir par l'amour. D'ailleurs, la première des qualités de l'amour énumérées dans 1 Corinthiens 13.4-7 est la patience ; cet adjectif peut aussi se traduire par «endurance», «indulgence». En supportant patiemment les coups et les torts subis lors des conflits, nous faisons preuve de cette tenace qualité de l'amour. En revanche, les hurlements poussés au moindre coup ou affront, sont souvent l'expression de notre égoïsme et de l'apitoiement sur nous-mêmes.

L'Écriture nous enseigne que l'un des principaux moyens de conserver «l'unité de l'Esprit par le lien de la paix» consiste à nous supporter «les uns les autres avec amour» (Ép 4.2,3). Cette précision complémentaire «avec amour» est très importante. Si nous ne supportons pas «avec amour», notre support mutuel «pourrait dégénérer en ressentiment ou colère au lieu d'amour[12]».

Opposée à l'impatience, qui se préoccupe du «moi» et crée ou exacerbe des conflits, la patience s'intéresse minutieusement à autrui d'une manière endurante et contrôlée qui vise la résolution d'un conflit de manière constructive. La vertu chrétienne de la patience rend le croyant capable de pratiquer l'amour «qui couvre une multitude de péchés» (1 Pi 4.8).

Quand nous sommes tentés de perdre patience avec les autres, arrêtons-nous et pensons un instant à la patience pleine de grâce dont Dieu a fait preuve envers nous qui l'avons tellement maltraité. Paul nous rappelle une grande vérité : «Supportez-vous les uns les autres, et, si l'un a sujet

---

12. Harold W. Hoehner, *Ephesians*, Grand Rapids, Baker, 2002, p. 510.

de se plaindre de l'autre, pardonnez-vous réciproquement. De même que Christ vous a pardonné, pardonnez-vous aussi» (Col 3.13). Compte tenu de l'extrême patience de Dieu à notre égard, qui sommes-nous pour estimer que nous ne pouvons pas supporter patiemment les faiblesses et les défauts des autres, ou les torts qu'ils nous ont causés?

c. Bonté

Au lieu d'être vaincu par le mal quand on nous maltraite, la Bible nous enseigne à réagir par des actes empreints de bonté (1 Co 13.4). En faisant preuve de bonté, nous démontrons que nous marchons par l'Esprit et dans l'amour même lorsque nous subissons le stress émotionnel de conflits entre personnes. C'est dans le contexte de l'amour (Ro 12.9-21) que Paul écrit que nous devons surmonter le mal par des actes empreints de bonté :

> Mais si ton ennemi a faim, donne-lui à manger ; s'il a soif, donne-lui à boire ; car en agissant ainsi, tu amasseras des charbons ardents sur sa tête. Ne te laisse pas vaincre par le mal, mais surmonte le mal par le bien (Ro 12.20,21).

En tant que croyants, nous devons gagner les gens par notre bonté. Avec toute la sincérité de notre cœur, nous devons faire du bien à ceux qui nous maltraitent en accomplissant des œuvres bonnes dans leur intérêt. Par nos actes de bonté, nous démontrons que nous sommes disposés à pardonner à ceux qui ont péché contre nous. Puisse-t-il être dit de nous ce qui fut dit de Thomas Cranmer, un archevêque de l'Église d'Angleterre : «Lui faire du mal, c'était obtenir une gentillesse en retour[13].»

---

13. Alfred Tennyson, *Queen Mary*, Boston, Massachusetts, James R. Osgood, 1875, p. 194.

Paul pouvait déclarer aux Corinthiens que sa vie et son ministère étaient caractérisés par la patience, la bonté, l'amour et la puissance du Saint-Esprit :

> Nous ne voulons scandaliser personne en quoi que ce soit, afin que le ministère ne soit pas un objet de blâme. Mais nous nous rendons recommandables à tous égards, comme serviteurs de Dieu... par la longanimité, par la bonté, par l'Esprit saint, par un amour sincère » (2 Co 6.3,4,6).

Si vous voulez que les autres vous traitent avec patience et bonté quand vous êtes en conflit avec eux, traitez avec patience et bonté ceux qui sont en désaccord avec vous. Telle est la règle d'or de l'amour : « Tout ce que vous voulez que les hommes fassent pour vous, faites-le de même pour eux, car c'est la loi et les prophètes » (Mt 7.12).

4. L'AMOUR COUVRE UNE MULTITUDE DE PÉCHÉS

À la fin d'un culte, je vis un monsieur s'approcher de moi. Ce matin-là, l'accompagnement musical avait été un peu bruyant ; d'après l'expression du visage de l'homme, je sus à quoi m'attendre. Il me dit sur un ton irrité que je passerais en jugement devant le tribunal de Christ pour avoir permis à des jeunes de saboter son culte ! Pendant plusieurs minutes, et sans reprendre son souffle, il me passa un savon en règle !

Il inspira enfin profondément, marqua une pause de quelques secondes et dit calmement : « Au moins, vous êtes une personne à l'esprit ouvert. » Puis il fit demi-tour et s'en alla. Il n'y eut par la suite jamais le moindre problème entre nous.

Pendant tout ce temps, je n'avais pas prononcé la moindre parole. Je savais que si j'avais commencé à discuter, la situation n'aurait fait qu'empirer. Le Saint-Esprit avait certainement maîtrisé mes émotions, me permettant de rester calme et de laisser passer les propos menaçants et le comportement désobligeant de cet homme.

Il y a des moments où il faut réagir à ce genre de propos et de comportement et le condamner, mais parfois la meilleure chose à faire est de garder le silence et d'oublier la maladresse de la personne. Dans mon cas personnel et parce que je connaissais bien l'individu, je savais que le mieux était de ne pas réagir à la provocation et de ne pas exiger d'excuses. La meilleure attitude était celle préconisée par l'apôtre Pierre : «Avant tout, ayez les uns pour les autres un ardent amour, car l'amour couvre une multitude de péchés» (1 Pi 4.8). L'amour pour ce frère m'aida à comprendre ce que représentait vraiment le culte pour lui et de supporter les faiblesses de son caractère. L'amour, et l'amour seul, couvre une multitude de péchés.

Dans l'Église comme dans le monde, nous avons parfois à faire face à des gens difficiles. Tout être humain est pécheur et imparfait. Nous avons tous nos bizarreries et défauts de caractère. Si nous ne nous supportons pas «avant tout» les uns les autres avec amour et ne permettons pas à l'amour de couvrir nos fautes, il nous est impossible de vivre dans l'unité. L'amour que l'Esprit produit en nous nous aide à comprendre les faiblesses et les problèmes d'autrui et de pardonner — ou de couvrir — sans cesse ses fautes. L'amour de Jésus pour ses disciples couvrait leurs nombreux péchés et lui permettait de vivre et de travailler avec eux.

Si l'amour couvre une multitude de péchés, sachons toutefois qu'il ne les couvre pas tous. Ken Sande, l'auteur de *The Peacemaker* s'explique :

> Passer vraiment par-dessus une offense, c'est décider en son âme et conscience de ne plus en parler ni la laisser se transformer en amertume refoulée. Si vous ne pouvez pas le faire, si la faute

est trop grave pour être chassée de votre esprit,
ou si elle continue de se manifester de façon
chronique dans la vie de l'autre, vous devez aller
la trouver et en parler avec amour et de manière
constructive[14].

À certains moments, l'amour exige que l'Église
sanctionne le péché — peut-être une mesure disciplinaire
ou des paroles sévères pour mettre fin à une situation
destructrice — afin de préserver le bien-être de la personne
et de protéger l'assemblée locale[15]. Le but de la discipline
ecclésiastique n'est pas d'étaler la faute ni de faire honte au
coupable, mais de le corriger, de le racheter et de rétablir
la communion avec lui. L'amour véritable exercé dans «la
sagesse d'en haut» sait quand il faut dénoncer la faute et
quand il faut passer par-dessus. L'amour vrai ne mord pas
et ne dévore pas ; il fait passer le bien de l'autre avant la
défense de mes propres intérêts.

5. L'AMOUR RENONCE À SOI POUR LE BIEN D'AUTRUI

Quelques jeunes couples chrétiens de la même Église
avaient décidé d'organiser une retraite et de faire du ski
ensemble. Certains de ces couples avaient emporté du
vin pour accompagner les repas du soir. D'autres, moins
nombreux, ne voulaient pas boire de vin, mais les premiers
insistèrent en disant qu'il n'y avait aucun mal à boire du vin
pendant les repas, et finirent par les convaincre de faire
comme eux et de ne pas se montrer trop rigides.

Plus tard, les abstinents eurent le sentiment d'avoir
fait violence à leur conscience. Ils en voulurent à ceux
qui avaient fait pression sur eux et les avaient entraîné à
boire ; ces derniers traitèrent les autres de légalistes et
d'ignorants. Il en résulta une coupure dans leurs relations

14. Ken Sande, *The Peacemaker : A Biblical Guide to Resolving Personal Conflict*, 3ᵉ édition, Grand Rapids, Baker, 2004, p. 83.
15. Mt 5.22-24 ; 18.15-17 ; 2 Co 2.2-4 ; 7.8-13 ; Ga 2.11-14 ; 2 Th 3.6-15.

et des disputes dans l'Église pour savoir qui avait raison et qui avait tort.

De telles querelles ne sont ni nouvelles ni exceptionnelles. Dans la plupart des Églises du Iᵉʳ siècle, des disputes avaient éclaté pour des problèmes de conscience à propos des styles de vie[16]. À Rome, par exemple, les chrétiens d'origine juive et ceux d'origine païenne se querellaient à propos des lois alimentaires et de l'observance des fêtes religieuses (Ro 14). Aujourd'hui, des chrétiens se querellent et se divisent sur des questions comme le respect du sabbat, la célébration de Noël, la consommation d'alcool, certaines formes de distractions et certains types de musique.

> **L'éthique chrétienne ne repose pas sur la liberté ou les droits mais sur l'amour coûteux et qui se sacrifie pour édifier le peuple du Seigneur.**

Parmi les nombreux principes que la Bible énonce pour résoudre les conflits, l'amour est le principal. L'Écriture déclare que l'amour «ne cherche point son intérêt» (1 Co 13.5), qu'il «ne fait point de mal au prochain» (Ro 13.10). Par amour, le chrétien est même prêt à donner sa vie pour un frère ou une sœur (1 Jn 3.16).

En accord avec cet enseignement, Paul décrit dans Romains 14.1 – 15.9 comment marcher dans l'amour et faire passer le bien des autres avant ses propres droits et sa liberté :

> Mais si, pour un aliment [la question controversée à l'époque], ton frère est attristé, tu ne marches plus selon l'amour : ne cause pas, par ton aliment,

---

16. Dans Romains 14.1, Paul qualifie d'«opinions» ces sujets controversés. Il entend par là qu'il ne s'agit pas de doctrines fondamentales, mais de questions secondaires liées à la conscience personnelle. Voir le chap. 6 pour plus d'informations sur ce sujet.

la perte de celui pour lequel Christ est mort
(Ro 14.15).

Dans le même ordre d'idées, il condamne l'abus de la
liberté chrétienne dont faisaient preuve les Églises de la
Galatie :

> Frères, vous avez été appelés à la liberté ;
> seulement ne faites pas de cette liberté un prétexte
> de vivre selon la chair ; *mais rendez-vous, par
> amour, serviteurs les uns des autres* (Ga 5.13 ;
> italiques pour souligner).

Pour Paul, jouir de la liberté en Christ signifiait se faire
l'esclave d'autrui en le servant par amour[17], et non se
complaire dans ses aises. C'est la chair — constamment
préoccupée de soi et prête à se battre — qui revendique
ses droits et sa liberté. Le premier souci de Paul n'était
pas de faire valoir ses droits. Les principes directeurs de
ses actions étaient l'édification des croyants dans leur foi,
la recherche des perdus pour Christ et la gloire de Dieu en
toutes choses (1 Co 10.24,31-33).

L'éthique chrétienne ne repose pas sur la liberté ou
les droits mais sur l'amour coûteux et qui se sacrifie pour
édifier le peuple du Seigneur plutôt que pour le démolir.
Si nous appliquons le principe de l'amour au désaccord à
propos du vin, l'amour de Christ aurait dû inciter les couples
qui se sentent libres d'en boire à ne pas faire pression sur
les autres et à ne pas railler leurs opinions. L'amour de
Christ aurait dû inciter à mettre l'alcool de côté pour qu'il
ne vienne pas briser la communion entre frères et sœurs
en Christ.

Pour les abstinents, en buvant du vin, ils auraient péché
contre leur conscience (Ro 14.23). Tout en ayant décidé
pour eux-mêmes de ne pas boire de vin, ils auraient pu

---

17. Jn 13.14 ; Ro 15.1-3,8 ; 1 Co 8.1,13 ; 9.19-23 ; 10.24,32,33 ; Ga 5.13 ;
6.2.

encourager les autres à jouir de leur liberté. Bien entendu, si une seule personne du groupe avait eu un faible pour l'alcool, boire du vin devant elle aurait été une manifestation stupide d'égoïsme. Lorsque des questions de conscience personnelle et de styles de vie posent problème, *le Nouveau Testament propose le remède coûteux de l'amour qui renonce radicalement et volontairement à ses droits et à sa liberté au profit de l'édification d'autrui.* Pratiquer un amour qui restreint volontairement sa liberté, c'est imiter l'amour de Christ qui s'est sacrifié sur la croix pour notre salut. «Car Christ n'a pas cherché ce qui lui plaisait» (Ro 15.3). Si Christ a accepté de donner sa vie pour le croyant faible, nous pouvons certainement aussi renoncer à certaines de nos libertés et à certains de nos droits pour édifier cette personne et l'empêcher de tomber dans le péché.

6. PRATIQUEZ CE QUE VOUS PRÊCHEZ EN MATIÈRE D'AMOUR

L'obéissance au «commandement nouveau» que Jésus nous a laissé de nous aimer les uns les autres comme il nous a aimés (Jn 13.34,35) est le meilleur rempart contre les conflits stupides. L'ennui est que, s'il est facile de parler de l'amour, il est difficile de mettre en pratique ce que nous disons au moment où se

> À quoi bon enseigner que l'amour de Dieu le Père est en et parmi nous si nous guerroyons comme le diable?

présente un conflit chargé d'émotions prêtes à exploser. Jean, le disciple bien-aimé, était conscient du problème et écrivit: «Petits enfants, n'aimons pas en paroles et avec la langue, mais en actions et avec vérité» (1 Jn 3.18). L'amour n'est pas d'un grand secours dans la résolution des conflits s'il n'est pas «authentique» ni mis en pratique (Ro 12.9).

Une expérience dont me fit part mon ami Brian illustre à quel point il est important (et difficile parfois) de mettre en pratique ce que nous prêchons. Brian dirige une entreprise d'informatique et avait consacré plusieurs mois à mettre au point un système informatique pour une entreprise. Lorsque l'installation fut opérationnelle, le client déclara ne pas pouvoir la payer. Brian décrivit le client comme l'une des personnes les plus difficiles qu'il ait jamais rencontrées dans ses relations professionnelles. C'était un homme déraisonnable, contestataire et abject. Il avait même peur de lui parler au téléphone.

Quand Brian téléphona au client pour exiger qu'il commence à payer l'installation, l'homme le menaça de ne rien payer du tout! Au cours de leur entretien, Brian lui demanda :

« En quoi consiste votre travail ?

— Je dirige une organisation qui gère les conflits. »

Brian n'en crut pas ses oreilles! Abasourdi par l'hypocrisie de cet homme, il était trop décontenancé pour répliquer et trop perplexe pour rire de cette situation cocasse. Plus tard, lorsque Brian tenta de nouveau de proposer un échéancier pour le paiement, le client le menaça de ne plus lui parler. Brian eut alors la présence d'esprit de lui suggérer : « Pourrions-nous mettre en œuvre certains des principes que vous enseignez à propos de la gestion des conflits pour trouver une issue raisonnable à notre différend ? »

En colère, le client réitéra ses menaces. Mon ami dut attendre plus d'un an avant d'être payé. Mais grâce à sa façon patiente et maîtrisée de se conduire et de parler, les deux parties finirent par conclure leur relation sur une note positive.

De même que l'homme qui enseignait la technique de gestion des conflits ne pratiquait pas ce qu'il enseignait, il arrive souvent que nous autres, chrétiens, nous négligions les glorieux principes de l'amour divin que nous prêchons. Or, à quoi bon enseigner que l'amour de Dieu le Père est *en* et *parmi* nous (Jn 17.26) si nous guerroyons comme le diable? À quoi bon prêcher que «l'amour ne fait point de mal au prochain» (Ro 13.10) si nous cherchons à détruire le prochain avec lequel nous sommes en désaccord? À quoi bon clamer que l'amour est le premier fruit de l'Esprit si nous sommes remplis d'animosité et de haine? À quoi bon rappeler le «commandement nouveau» de nous aimer les uns les autres comme Jésus nous a aimés, si nous nous étripons comme de malhonnêtes politiciens qui n'ont ni intégrité ni souci de leurs adversaires?

La plupart d'entre nous ont au moins une idée générale du comportement qui convient au chrétien, mais dans l'ardeur du moment, lorsque nos émotions sont en ébullition, nous reprenons nos comportements dénués d'amour et de piété, nos accès de colère, nos discours incendiaires, nos palabres interminables et vaniteux pour nous justifier. Nous allons jusqu'à traîner les autres devant les tribunaux et cherchons à nous venger personnellement. La question cruciale sera donc toujours celle-ci : Agirons-nous avec amour, même dans l'ardeur du conflit, ou nous conduirons-nous comme des gens qui ne connaissent ni le Saint-Esprit ni l'amour de Dieu?

«Ce qui compte, fait remarquer Peter Davids, ce n'est pas ce que nous savons, mais ce que nous faisons. La vraie connaissance est le prélude à l'action ; et en définitive, c'est l'obéissance à la Parole qui compte[18].» Grâce à la prière, au revêtement de puissance du Saint-Esprit, aux directives de la Parole de Dieu et à notre soumission aux vérités de l'Évangile, nous pouvons (et devons) apprendre en tout temps à agir dans l'amour.

---

18. Peter H. Davids, *James*, NIBC, Peabody, Massachusetts, Hendrickson, 1989, p. 41.

Une histoire ancienne à propos de Jean, le disciple bien-aimé, illustre l'importance de l'amour dans la communauté des croyants. Jean devint presque centenaire. Jérôme, un savant biblique du IVe siècle, rapporte que Jean était devenu tellement faible dans sa grande vieillesse que ses disciples devaient le porter pour assister aux réunions de la communauté. Bien qu'il ne pût plus prêcher et que ses discours fussent difficiles à comprendre, Jean répétait inlassablement : «Petits enfants, aimez-vous les uns les autres.» Se demandant pourquoi il disait toujours la même chose, un de ses disciples lui demanda : «Maître, pourquoi dis-tu cela?» À cette question, le vieillard répondit : «Parce que c'est le commandement du Seigneur et que si on observe seulement ce commandement, cela suffit[19].»

Si vous savez ces choses, vous êtes heureux,
pourvu que vous les pratiquiez.
Jean 13.17

Principes clés à garder en mémoire

1. Dans un conflit, mettez en pratique ce que vous prêchez sur l'amour.

2. Tenez-vous fermement au principe de ne pas vous venger.

3. Triomphez des blessures inhérentes aux conflits au moyen de la prière, de la patience, et des actes de bonté.

4. Soyez prêt à renoncer à vos droits et à votre liberté en Christ pour l'édification spirituelle des autres.

---

19. Jérôme, *Commentarius ad Galatas* (6:10). Patrologia Latina (Patrologiae cursus completus, series latina), vol. 26 édité par J. P. Migne, Paris 1866, colonne 462C.

3

Agir dans l'humilité

Jésus-Christ... n'a point regardé son égalité avec Dieu
comme une proie à arracher...
il s'est humilié lui-même.
Philippiens 2.5,6,8

L'Église de Philippes (au nord-est de la Grèce actuelle), fondée par l'apôtre Paul au Ier siècle lui procura beaucoup de joie. C'était une assemblée mature, fondée sur une saine doctrine et possédant des anciens et des diacres, ainsi que des ouvriers zélés pour la cause de l'Évangile. Les croyants de Philippes étaient devenus des amis chers à l'apôtre ; ils soutenaient financièrement son ministère plus que toute autre Église du Nouveau Testament. Cette Église modèle n'était cependant pas à l'abri de l'orgueil, de l'ambition égoïste, des récriminations et des dissensions internes.

Lorsqu'un conflit éclata au sein de cette communauté, Paul sut qu'il fallait y faire face rapidement et correctement sous peine de voir la querelle s'étendre et s'intensifier. Les Philippiens n'en étaient pas encore à se mordre et à s'entre-dévorer, mais ce risque était latent si le désaccord subsistait. « La semence de la dissension était semée, fait remarquer Moisés Silva, et il ne fallait pas lui permettre de germer[1].» C'est pourquoi Paul, l'un des fondateurs de l'Église, adresse un appel passionné en faveur de l'unité :

> Rendez ma joie parfaite, ayant un même sentiment, un même amour, une même âme, une même pensée (Ph 2.2).

La supplication émouvante de Paul en faveur de l'identité de pensée, de l'amour mutuel, de l'harmonie spirituelle et de l'unicité de but est tout aussi importante pour les Églises d'aujourd'hui. Sans unité, elles se détruiront par leurs querelles intestines, et leur témoignage dans le monde sera réduit à néant. «Comment une Église peut-elle atteindre la véritable unité spirituelle[2]» — une même pensée, un même amour, un seul esprit, un seul et même objectif ? La réponse se trouve dans la possession d'une humilité semblable à celle de Christ : «Ayez en vous les sentiments qui étaient en Jésus-Christ» (Ph 2.5).

> **Quand une attitude d'humble service, à l'image de celui de Christ, règne dans une Église locale, elle est capable d'apaiser n'importe quelle tempête.**

1. DÉNONCER LES MAUVAISES ATTITUDES DANS L'ÉGLISE

Les attitudes coupables alimentent les conflits et ne font qu'aggraver les choses. C'est pourquoi une gestion constructive et biblique du conflit commence par l'adoption de bonnes attitudes[3]. *Il est important pour les responsables*

---

1. Moisés Silva, *Philippians*, WEC, Chicago, Illinois, Moody, 1988, p. 102.
2. John MacArthur, Philippiens, éditions Impact, Trois-Rivières, Québec, Canada, page 149.
3. Malcolm Cronk déclare : «Grâce à un bon état d'esprit, une Église maladroitement structurée s'en sortira. Sans lui, une Église admirablement structurée échouera.» Cité par Marshall Shelley dans *Well-Intentioned Dragons*, Minneapolis, Minnesota, Bethany, 1994, p. 81.

de l'Église de promouvoir des attitudes semblables à celles de Christ au sein de l'assemblée, ce que fait justement Paul dans sa lettre aux Philippiens. Il condamne fermement les ambitions égoïstes et la suffisance, et exhorte les croyants à suivre Christ dans son exemple d'humilité et de service altruiste :

> Ne faites rien par esprit de parti ou par vaine gloire, mais que l'humilité vous fasse regarder les autres comme étant au-dessus de vous-mêmes. Que chacun de vous, au lieu de considérer ses propres intérêts, considère aussi ceux des autres (Ph 2.3,4).

C'est l'une des règles néotestamentaires les plus importantes concernant les relations fraternelles lorsqu'un conflit menace d'éclater. Quand une attitude d'humble service, à l'image de celui de Christ, règne dans une Église locale, elle est capable d'apaiser n'importe quelle tempête. Mais si le corps local se caractérise par l'orgueil, alors le moindre désaccord soulève une bourrasque. Une chose aussi insignifiante que le choix de la couleur pour repeindre les murs d'une salle d'école du dimanche peut diviser l'Église. C'est pourquoi Paul exhorte chacun à ne rien faire «par esprit de parti ou par vaine gloire.» Examinons ces deux instigateurs jumeaux que sont la discorde et la division.

a. L'ambition personnelle

Pour parvenir à l'unité d'esprit dans l'Église de Philippes, il fallait d'abord reconnaître que l'existence de rivalités entre certains membres influents était une œuvre de la chair qui créait des divisions, et y mettre fin. L'expression «esprit de parti» dans Philippiens 2.3 serait mieux traduite par «ambition personnelle[4]» pour indiquer «un zèle égoïste au service de ses propres intérêts[5]» sans prendre en considération les intérêts des autres ni le coût imposé aux autres. L'ambition personnelle est centrée sur soi, chicanière, nourrit l'esprit de compétition et la contestation.

Avec toute la vigueur du langage, Jacques déclare que l'ambition personnelle est «terrestre, charnelle, diabolique.» Elle entraîne «du désordre et toutes sortes de mauvaises actions», des «luttes» et des «querelles» (Ja 3.15,16 ; 4.1-3). Gordon Fee écrit qu'elle «est au cœur de la déchéance humaine dans laquelle l'intérêt égoïste et le besoin de se mettre en avant au détriment des autres dictent les valeurs et le comportement[6]».

L'ambition personnelle, surtout celle des dirigeants, a causé bien des tourments au monde tout au long de l'histoire humaine. Elle fait partie des cinq «géants mondiaux — la faim, la maladie, l'analphabétisme, le vide spirituel et le leadership égoïste — qu'un philanthrope chrétien a identifiés et contre lesquels il invite à lutter pour venir en aide au pauvre[7]. Le leadership égoïste se voit dans la philosophie «moi d'abord» de certains chefs d'État qui gouvernent sous l'inspiration de la cupidité et de l'appât

---

4. Le mot grec *eritheia* est difficile à traduire de façon précise. Si la TOB et la Bible à la Colombe traduisent par «rivalité», la Bible du Semeur par «esprit de rivalité» et la NEG par «esprit de parti», la NBS opte pour «ambition personnelle» dans le sens d'ambition égoïste. L'idée d'*égoïsme* s'accorde mieux avec le contexte de Ph 2.2-8. La NBS traduit *eritheia* dans Ja 3.14,16 aussi par «ambition personnelle», contrairement à la NEG («esprit de dispute») et à la Bible du Semeur («esprit querelleur» et «esprit de rivalité»). Le terme grec se retrouve dans d'autres passages clés : Ga 5.20 ; 2 Co 12.20 ; Ph 1.17. Voir Friedrich Buchsel dans *Theological Dictionary of the New Testament*, Grand Rapids, Eerdmans, 1964, 2 :661.
5. Richard N. Longnecker, *Galatians*, WBC, Dallas, Texas, Word, 1990, p. 256.
6. Gordon D. Fee, *Paul's Letter to the Philippians*, NICNT, Grand Rapids, Eerdmans, 1995, p. 186.
7. David Van Biema, «The Global Ambition of Rick Warren», *Time* du 18 août 2008, p. 40.

du pouvoir. De tels chefs se soucient peu de justice sociale ou des besoins du peuple. Ils considèrent leur position d'autorité comme un moyen de s'enrichir et de faire peser lourdement leur souveraineté sur leurs sujets.

Aussi déplorable qu'il soit, ce mal tourmente aussi l'Église. Des leaders égocentriques et tyranniques recherchent leur propre intérêt plutôt que celui des gens qu'ils sont appelés à servir ; c'était déjà le cas de Diotrèphe au Ier siècle, qui aimait se mettre en avant (3 Jn 9,10). Pour des responsables comme Diotrèphe, le service chrétien se réduit à «moi, moi et rien que moi». À l'opposé, Paul — un modèle de leader-serviteur à l'image de Christ — déclare aux Corinthiens : «Nous ne nous prêchons pas nous-mêmes ; c'est Jésus-Christ le Seigneur que nous prêchons, et nous nous disons vos serviteurs à cause de Jésus» (2 Co 4.5). Il va même jusqu'à dire : «Ainsi la mort agit en nous, et la vie agit en vous» et : «Ce ne sont pas vos biens que je cherche, c'est vous-mêmes... Pour moi, je ferai très volontiers des dépenses et je me dépenserai moi-même pour vos âmes» (2 Co 4.12 ; 12.14,15).

L'ambition personnelle était déjà à l'origine de querelles entre les disciples de Jésus. Jacques et Jean lui avaient demandé de leur réserver des places de choix dans son royaume : «Accorde-nous d'être assis l'un à ta droite et l'autre à ta gauche, quand tu seras dans ta gloire» (Mc 10.37). Cette requête déclencha la rivalité des autres disciples qui «commencèrent à s'indigner contre Jacques et Jean» (Mc 10.41). Ils s'indignèrent parce qu'eux aussi revendiquaient des positions de puissance et de gloire! La question de savoir qui était le plus grand devint une source de discussion parmi les Douze et une cause de consternation pour le Seigneur.

Lorsque Paul fut emprisonné à Rome, certains prédicateurs chrétiens, poussés par la jalousie et l'ambition personnelle, prêchaient même l'Évangile à Rome pour tenter d'ajouter aux souffrances de l'apôtre (Ph 1.15,17). Paul savait donc par expérience personnelle combien ce péché particulier était laid et faisait souffrir. Il ne voulait surtout pas que ces mêmes attitudes se glissent dans sa chère Église de Philippes.

L'ambition personnelle n'a pas de place dans la famille de Dieu! Elle est totalement incompatible avec l'enseignement du Seigneur sur le service humble et sur l'amour fraternel[8]. Elle est à l'opposé de l'amour qui se sacrifie, dont Christ est l'exemple.

> « Faire une idole de notre justesse doctrinale, du succès de notre ministère ou de notre droiture morale, aboutit à de constants conflits internes, à l'arrogance, à la propre justice et à l'élimination de ceux qui ont des opinions différentes des nôtres ».
> — Timothy Keller

L'ambition personnelle n'est pas un fruit de l'Esprit ; c'est une œuvre de la chair. Elle sape les efforts de ceux qui s'efforcent de travailler ensemble dans l'unité. Elle encourage les gens à être exigeants, despotiques, et à éliminer quiconque n'est pas d'accord avec eux. Seuls ceux qui ont l'esprit humble de Christ peuvent gérer des positions de pouvoir et d'autorité sans opprimer les autres et sans rechercher leur avantage et leur gloire. Prêtons donc attention aux paroles de l'Esprit du Seigneur : *Ne faites rien par ambition personnelle*.

b. La gloriole ou vaine gloire

L'Église de Philippes remplissait de joie le cœur de Paul[9], mais Satan ne tenait pas à ce que cette situation heureuse se prolonge. Son intention était de provoquer la division de l'Église afin de l'assujettir. Or, il existe difficilement un moyen

8. Mt 20.26 ; 23.8,11,12 ; Mc 9.35 ; 10.43 ; Lu 22.26 ; Jn 13.4-15,34,35.
9. Ph 1.3-8 ; 2.25-30 ; 4.1,10,14-18.

plus efficace de détruire une Église exemplaire que de faire naître une vaine gloire en raison de sa justesse doctrinale, ses dons, sa générosité ou ses succès. Satan sait bien que « l'arrogance précède la ruine, et l'orgueil précède la chute[10] ». En suscitant l'orgueil des membres de l'assemblée, et plus particulièrement la fierté d'être « dans le vrai et le juste », l'ennemi dispose d'un moyen efficace pour corrompre une bonne Église. « Faire une idole de notre justesse doctrinale, du succès de notre ministère ou de notre droiture morale, aboutit à de constants conflits internes, à l'arrogance, à la propre justice et à l'élimination de ceux qui ont des opinions différentes des nôtres[11] », écrit Timothy Keller.

Paul éprouvait de la tristesse car il savait ce qui se passait entre certaines personnes influentes de l'Église. Il voyait que, comme sa compagne l'ambition personnelle, la recherche de la vaine gloire provoquait des conflits et menaçait l'unité. C'est pourquoi il exhorte les croyants à ne rien faire par vanité ou « vaine gloire[12] ».

La vanité (ou la vaine gloire) déforme notre vision de la réalité. Elles nous font croire que nous sommes meilleurs que les autres, que nous savons plus de choses que ce n'est le cas, ou que nous sommes plus saints ou plus doués que nous ne le sommes en réalité. « Rien n'est plus élevé que l'humilité d'esprit, et rien n'est plus vil que la vantardise », écrit Jean Chrysostome[13]. Comme la nature de la gloriole

---

10. Pr 16.18 ; voir aussi 1 Ti 3.6 ; 1 Ch 21.1-8.
11. Timothy Keller, *Counterfeit Gods : The Empty Promises of Money, Sex and Power, and the Only Hope That Matters*, New York, Dutton, 2009, p. 132.
12. Le nom grec *kenodoxia*, vanité, dénote « une évaluation vaine ou exagérée de soi-même » (BDAG 538). L'adjectif grec *kenodoxos* revient dans Galates 5.26 où il est étroitement associé à l'envie et à la provocation : « Ne cherchons pas une vaine gloire, en nous provoquant les uns les autres, en nous portant envie les uns aux autres. »
13. Chrysostome, *Homilies and the Gospel of Saint Matthew*, 65:5, NPNF, 1st Series, 10 :402.

consiste à nous donner une image trop haute de nous-mêmes, Paul met en garde :

- Par la grâce qui m'a été donnée, je dis à chacun de vous de n'avoir pas de lui-même une trop haute opinion, mais de revêtir des sentiments modestes, selon la mesure de foi que Dieu a départie à chacun (Ro 12.3).

- Si quelqu'un pense être quelque chose, quoiqu'il ne soit rien, il s'abuse lui-même (Ga 6.3).

La suffisance produit une vaine gloire avec des sentiments de supériorité qui empêchent la résolution des conflits. La vanité nous met sur la défensive, nous rend propres justes et têtus. Elle nous rend aveugles devant nos propres erreurs et défauts criants. Elle nous empêche d'écouter les sages corrections ou reproches, d'apprendre et de changer.

Au cours des quatre dernières décennies, j'ai eu l'occasion de m'entretenir avec beaucoup de gens qui avaient quitté une Église autoritaire dirigée par des leaders durs et extrémistes. Ces croyants sont souvent troublés lorsqu'ils analysent leur foi authentique à la lumière de leur expérience. Durant nos discussions, je demande souvent pour quelle raison ils sont restés si longtemps membres de groupes aussi sectaires et sous l'influence de responsables aussi tyranniques. Ils situent presque invariablement le cœur du problème dans l'orgueil : l'orgueil de posséder une connaissance supérieure de la doctrine, l'orgueil d'avoir atteint un niveau supérieur de sainteté, l'orgueil de faire partie des rares à être plus éclairés. Ils déclarent souvent qu'avant de quitter l'Église, ils auraient préféré mourir plutôt que d'admettre qu'ils s'étaient trompés. L'orgueil les avait rendus aveugles devant l'évidence que leur Église était dépourvue de plusieurs aspects du fruit de l'Esprit, tels que l'amour sincère pour tous les croyants et la véritable humilité d'esprit.

L'orgueil posait problème dans presque toutes les Églises de la période néotestamentaire[14], et il le fait encore à notre époque. Les Églises charismatiques et pentecôtistes se glorifient de leur puissance surnaturelle et de leur vie spirituelle supérieure, et regardent de haut les chrétiens qui n'ont pas fait les mêmes expériences qu'elles. Les Églises de la tradition réformée jettent un regard méprisant sur celles qui n'acceptent pas leur théologie systématique raffinée. Les luthériens gardent leurs distances en se cramponnant à leur héritage historique, à leur doctrine distinctive et à Martin Luther, le champion de leur foi. Les baptistes se vantent de leur nombre et de leur politique ecclésiale démocratique. Certaines Églises sont tellement fières de leur vie de sainte séparation avec les autres qu'elles refusent toute communion avec les autres chrétiens qu'elles jugent mondains et souillés par leurs compromissions.

Même s'il n'y avait absolument rien à redire sur le plan de notre doctrine et de notre vie pratique, nous n'aurions aucune raison de nous enorgueillir. Dieu déteste l'orgueil. C'est le premier des sept péchés capitaux qu'il hait (Pr 6.16-19). Lorsque des chrétiens adoptent une attitude de supériorité et témoignent du mépris à l'égard de leurs frères et sœurs dans le Seigneur, ils ne marchent pas par l'Esprit ; ils succombent à l'orgueil charnel qui ne peut qu'entraîner des conflits relationnels.

La Bible le dit clairement : «C'est seulement par orgueil qu'on excite des querelles» (Pr 13.10). Comme aucun être humain, pas même le croyant le plus spirituel et le plus zélé, ne peut s'empêcher de mener un combat intérieur contre l'orgueil, la Bible invite tout croyant à se revêtir d'humilité et

---

14. Ro 11.20,25 ; 12.16 ; 1 Co 1.30 ; 4.8 ; 8.1,2 ; 12.21 ; 13.2 ; 2 Co 12.7-11 ; Ph 2.3.

à agir humblement dans ses rapports avec ses frères dans la foi :

> *Et tous, dans vos rapports mutuels, revêtez-vous d'humilité* ; car Dieu résiste aux orgueilleux, mais il fait grâce aux humbles (1 Pi 5.5 ; italiques pour souligner)

C. S. Lewis décrit l'orgueil comme « un cancer spirituel : il ronge toute possibilité d'amour, de contentement et même de bon sens[15] ». Si, comme les Philippiens, nous voulons mettre fin à nos querelles et conserver l'amour et l'unité de l'Esprit, nous devons venir honnêtement devant Dieu, et confesser notre orgueil pervers et opiniâtre. Humilions-nous devant Dieu, reconnaissons notre vaine recherche de gloire et repentons-nous-en. « On peut préserver des relations paisibles au sein de l'Église, écrit Thomas Schreiner, à condition que toute l'assemblée se pare d'humilité… L'humilité est l'huile qui lubrifie les relations dans l'Église et leur permet de fonctionner en douceur et avec amour[16]. » L'humilité est essentielle à l'unité et à la paix dans l'Église locale.

2. ENSEIGNER LES BONNES ATTITUDES DANS L'ÉGLISE

Quelle tragédie qu'après des années de ministère, un missionnaire dut confier à son ami le plus intime que sa plus grande frustration avait été de constater que le manque d'humilité parmi les croyants avait été la cause de luttes et de divisions continuelles. Un manque d'humilité poussa Andrew Murray, auteur de grande piété, homme d'État sud-africain et missionnaire à écrire :

---

15. C. S. Lewis, *Christian Behavior*, Londres, Centenary, 1943, p. 43.
16. Thomas R. Schreiner, *1, 2 Peter, Jude*, NAC, Nashville, Tennessee, Broadman & Holman, 2003, p. 238.

Quand je regarde en arrière, à mes propres expériences religieuses ou à celles de l'Église de Christ dans le monde, je suis étonné de voir à quel point l'humilité est peu recherchée comme le trait distinctif du disciple de Jésus. Dans la prédication, dans la vie ordinaire, dans la vie familiale ou dans la vie sociale, dans nos relations spirituelles avec nos frères et nos sœurs, dans le travail d'évangélisation, combien n'avons-nous pas de preuves, hélas !, que l'humilité n'est pas regardée comme la vertu cardinale[17].

> « L'unité est impossible lorsque chacun se soucie de lui-même, défend sa propre cause et cherche son propre avantage. »
> — G. F. Hawthorne

a. Comprendre l'esprit d'humilité et de service de Christ

Et pourtant, le remède biblique aux attitudes cherchant à satisfaire l'ambition personnelle et la vaine gloire qui conduisent aux conflits et aux relations chicanières dans le corps de Christ n'est rien moins que l'humilité. Le message de Paul dans Philippiens 2.3-5 est limpide :

> Que l'humilité vous fasse regarder les autres comme étant au-dessus de vous-mêmes. Que chacun de vous, au lieu de considérer ses propres intérêts, considère aussi ceux des autres. Ayez en vous les sentiments qui étaient en Jésus-Christ.

Le mot grec traduit par « humilité » signifie littéralement « abaissement d'esprit » ou « tournure d'esprit modeste[18] ».

---

17. Andrew Murray, *L'humilité, la beauté de la sainteté*, Éditions Emmanuel, 2001, p. 9-10.
18. « Humilité » (*tapeinophrosyne*) est un mot composé de *tapeinos*, « bas » et *phrosyne*, « pensée », « esprit ».

L'humilité est « la grâce de l'abaissement[19] », cette vertu de la modestie qui nous fait considérer les autres comme « au-dessus » de nous-mêmes, plus importants que nous. La personne humble se voit dans une juste perspective devant un Dieu créateur et rédempteur glorieux, infini et parfait, et comme une servante d'autrui.

Considérer les autres « comme étant au-dessus » de nous-mêmes, c'est ne pas faire grand cas de nous-mêmes et de nos besoins. C'est se mettre au service des autres, faire passer leurs besoins avant les nôtres, favoriser leur avancement et porter les fardeaux les uns des autres[20].

L'unité se réalise mieux parmi les gens qui ont un esprit humble et un cœur de serviteur. Si nous voulons éviter les conflits dans nos Églises et bien les gérer lorsqu'ils éclatent, soyons des chrétiens humbles, centrés sur Christ et non de ceux qui se préoccupent de leur propre ego égoïste. Un commentateur écrit : « L'unité est impossible lorsque chacun se soucie de lui-même, défend sa propre cause et cherche son propre avantage[21]. » Gordon Fee déclare avec justesse :

> Voici la voie de la véritable unité entre les croyants… Si « l'ambition personnelle et la vaine gloire » sont les plus sûrs moyens d'éroder les relations au sein de l'Église, alors le plus sûr rempart contre ce risque dans une Église saine veut que le principe de considérer « les autres comme étant au-dessus » de soi caractérise ses membres et principalement ceux qui occupent une position d'autorité[22].

---

19. Peter T. O'Brien, *Colossians, Philemon*, WBC, Waco, Texas, Word, 1982, p. 200.
20. Voir Ro 15.1-3 ; 1 Co 10.24 ; 13.5 ; Ga 5.13,14 ; 6.2.
21. Gerald F. Hawthorne, Philippians, WBC, Waco, Texax, Word, 1983, p. 68
22. Gordon D. Fee, *Paul's Letter to the Philippians*, NICNT, Grand Rapids, Eerdmans, 1995, p. 43.

b. Adopter l'attitude de Christ

Pour imprimer avec une force inoubliable cette exhortation d'adopter l'humilité de Christ, Paul évoque l'exemple suprême de l'humilité et du sacrifice volontaire de Christ, manifesté dans son incarnation et sa mort sur la croix :

> Ayez en vous les sentiments qui étaient en Jésus-Christ : existant en forme de Dieu, n'a point regardé son égalité avec Dieu comme une proie à arracher, mais il s'est dépouillé lui-même, en prenant une forme de serviteur, en devenant semblable aux hommes ; et il a paru comme un vrai homme, il s'est humilié lui-même, se rendant obéissant jusqu'à la mort, même jusqu'à la mort de la croix (Ph 2.5-8).

Il n'existe pas dans toute l'Écriture d'affirmation plus forte que celle-ci : « il s'est humilié lui-même, se rendant obéissant jusqu'à la mort, même jusqu'à la mort de la croix. »

Jésus-Christ n'est pas une divinité égocentrique, qui amasse pour elle-même et ne pense qu'à ses intérêts. Christ s'est donné totalement aux autres. Il quitta la gloire du ciel pour venir sur la terre et mourir sur une croix pour le salut des pécheurs. Dans son commentaire de la description que Paul fait de la signification profonde que revêt l'exemple d'humilité de Christ, Paul Rees écrit :

C'est seulement à partir du moment où nous commençons à comprendre la pleine étendue de ce que le Christ qui s'est dépouillé lui-même a fait pour nous que nous serons motivés à imiter son humilité.

« N'oubliez jamais, s'écrie Paul, que dans ce vaste univers et dans la moindre tranche d'Histoire il

73

n'y a jamais eu une telle démonstration d'humilité et d'abnégation que lorsque le Fils de Dieu est descendu sur cette planète dévoyée! Sachez que sur des milliards d'années, il n'aurait jamais accompli cette œuvre s'il avait été ce genre de divinité qui considère «ses propres intérêts» et ferme les yeux sur «ceux des autres»! Rappelez-vous, mes frères, que par votre union avec lui dans une expérience vivante et rédemptrice, ce principe et la passion qui l'ont animé doivent devenir le principe et la passion qui vous animent, vous aussi[23]. »

C'est seulement à partir du moment où nous commençons à comprendre la pleine étendue de ce que le Christ qui s'est dépouillé lui-même a fait pour nous que nous serons motivés à imiter son humilité dans toutes nos relations, et en particulier lorsque nous sommes impliqués dans un conflit avec nos frères et sœurs en Christ. Pour avoir une telle humilité, nous devons avoir journellement la croix devant les yeux. À l'ombre de la croix, il n'y a pas de place pour l'orgueil coupable et l'ambition personnelle. *Comment pourrions-nous être orgueilleux alors que Christ était humble? Comment pourrions-nous égoïstement tout ramener à nous-mêmes alors que lui s'est mis au service d'autrui par altruisme?* Ou, comme un théologien de renom l'a dit, «Comment quelqu'un pourrait-il se montrer arrogant en se tenant à côté de la croix[24]? »

Jésus a admirablement illustré l'attitude de l'humble serviteur dans la chambre haute avant le dernier repas pascal. Alors que les Douze se disputaient pour savoir lequel devait être considéré comme le plus grand (Lu 22.24),

---

23. Paul Stromberg Rees, *The Adequate Man : Paul in Philippians*, Westwood, NJ, Revell, 1959, p. 43
24. Cette parole est de Carl Henry, et citée par C. J. Mahaney dans *Humility : True Greatness*, Sisters, Oregon, Multnomah, 2005, p. 68.

Jésus — leur Maître et leur Seigneur — s'agenouilla devant eux et leur lava les pieds :

> [*Jésus*]... ôta ses vêtements, et prit un linge... et il se mit à laver les pieds des disciples... Après qu'il leur eut lavé les pieds... [*il*] leur dit :... Si donc je vous ai lavé les pieds, moi, le Seigneur et le Maître, vous devez aussi vous laver les pieds les uns aux autres ; car je vous ai donné un exemple, afin que vous fassiez comme je vous ai fait (Jn 13.4,5,12,14,15).

Telle est l'humble attitude du serviteur qui est capable de gérer les désaccords et les conflits d'une manière constructive et spirituelle.

3. L'HUMILITÉ TRANSFORME UNE ÉGLISE

On peut se demander comment les Philippiens ont réagi après avoir lu la lettre de Paul. Une lettre de Polycarpe à l'Église de Philippes environ 50 ans plus tard, entre 110 et 117, nous apprend que l'Église vivait et était unie[25]. Les croyants avaient apparemment réagi correctement comme par le passé (Ph 2.12).

Paul souhaitait que sa lettre soit lue à l'assemblée réunie. Il est probable qu'en écoutant, les Philippiens se sont rendu compte qu'ils avaient agi de façon orgueilleuse et égoïste, et qu'ils n'avaient marché ni par l'Esprit ni dans l'amour. Ils avaient certainement compris qu'ils avaient oublié de refléter l'humilité de Christ et qu'en conséquence, ils s'étaient plaints les uns des autres, ils s'étaient disputés et s'étaient querellés (Ph 2.14 ; 4.2,3).

Ils ont dû se sentir terriblement repris dans leur conscience quand l'apôtre les a gentiment invités à détourner leur regard d'eux-mêmes pour le porter sur

---

25. On peut lire cette lettre dans *Polycarpe de Smyrne, lettre aux Philippiens*, Les Éditions du Cerf, 1975.

l'exemple suprême de l'humilité de Christ, de sa mort sur la croix et de sa glorieuse résurrection. Ils ont alors dû comprendre que c'était seulement en imitant l'exemple de Christ leur Seigneur qu'ils pouvaient restaurer l'unité et la joie dans la communauté et rendre la joie de leur cher Paul parfaite en «ayant un même sentiment, un même amour, une même âme, une même pensée» (Ph 2.2).

Deux mille ans après, le portrait que Paul brosse du dépouillement et du sacrifice volontaires de Christ est tellement émouvant que nous imaginons sans peine le profond impact qu'il eut sur les croyants de Philippes. Nous qui lisons les paroles de Paul aujourd'hui, nous avons également besoin de nous humilier, d'aimer les autres et de nous mettre à leur service, et tordre le cou à notre habitude de nous plaindre les uns des autres, de discutailler et de mener nos petites «guéguerres» mesquines.

Que l'humilité vous fasse regarder les autres comme étant au-dessus de vous-mêmes. Que chacun de vous, au lieu de considérer ses propres intérêts, considère aussi ceux des autres.
Philippiens 2.3,4

Principes clés à garder en mémoire

1. En cas de conflit, examinez tout d'abord votre propre attitude.

2. Agissez et parlez avec l'humilité de Christ, l'«attitude de Philippiens 2».

3. N'agissez pas et ne parlez pas si vous êtes motivés par l'ambition personnelle ou la vaine gloire.

4

Maîtriser sa colère

Ainsi, que tout homme soit...
lent à se mettre en colère ;
car la colère de l'homme
n'accomplit pas la justice de Dieu.
Jacques 1.19,20

Siméon et Lévi, deux des fils de Jacob, étaient entrés dans une violente colère en apprenant qu'un homme du nom de Sichem avait violé leur sœur Dina. Même si leur indignation morale était pleinement justifiée, les deux frères avaient réagi par une colère disproportionnée (Ge 33.18 – 34.31). Ils avaient menti, saccagé toute la ville, massacré tous les hommes de la cité et déshonoré Dieu en n'ayant pas cherché ses directives pour déterminer une juste réaction. Plus tard, Jacob condamna leurs actions en déclarant : « Maudite soit leur colère, car elle est violente, et leur fureur, car elle est cruelle ! » (Ge 49.7).

Certains chrétiens à qui il ne vient jamais à l'idée de maudire, de voler, de manquer une réunion de prière, ou de s'enivrer, sont cependant capables de s'emporter violemment contre ceux qui ne sont pas d'accord avec eux. Comme Siméon et Lévi, ces chrétiens ont une réaction excessive, ils tuent leurs frères et sœurs en Christ et pillent l'Église. Ils s'estiment parfaitement en droit d'envoyer des mails hargneux ou de répandre leur venin par le biais d'Internet. Sachons que le Saint-Esprit est fermement opposé à ces « œuvres de la chair » (Ga 5.17) et à ce comportement dénué d'amour (1 Co 13.4-7).

L'un des principes bibliques les plus importants pour gérer les conflits de façon constructive est d'exercer une maîtrise absolue sur la colère passionnée. La plupart des disputes ne seraient de loin pas aussi déplaisantes et inutiles si les protagonistes ne perdaient pas le contrôle d'eux-mêmes et ne se disaient pas des choses aussi dures et irrationnelles les uns aux autres. Une colère débridée crée un conflit et l'envenime. Elle complique la recherche d'une solution et de la réconciliation. C'est ainsi que nous nous mordons et nous nous entre-dévorons (Ga 5.15). L'Écriture indique clairement les principes à appliquer pour gérer la colère d'une manière conforme au « fruit de l'Esprit » et non aux « œuvres de la chair » : être lent à la colère, contrôler ses manifestations, se débarrasser du vieil homme et revêtir l'homme nouveau.

> **« Celui qui est lent à la colère apaise les disputes. »**
> **Proverbes 15.18**

1. ÊTRE LENT À LA COLÈRE

Dieu est lent à la colère. C'est une raison pour laquelle nous devrions lui être éternellement reconnaissants[1]. Il s'attend à ce que ses enfants lui ressemblent de ce point de vue ; comme Paul l'écrit : « Devenez donc les imitateurs de Dieu, comme des enfants bien-aimés » (Ép 5.1). Soyons donc, nous aussi, lents à la colère.

Le livre des Proverbes, un livre de sagesse dans l'Ancien Testament, fait l'éloge de ceux qui sont patients et lents à la

1. Ex 34.6 ; Ps 103.8 ; És 7.13 ; Jé 15.15 ; Ro 2.4 ; 9.22 ; Ga 5.22 ; 1 Ti 1.16 ; 2 Pi 3.9,15.

colère. Il estime qu'ils sont plus forts et plus disciplinés que des vaillants guerriers (Pr 16.32). Il reconnaît que «celui qui est lent à la colère apaise les disputes» (Pr 15.18) et qu'il possède «une grande intelligence» (Pr 14.29). Lors d'un conflit, seuls ceux qui sont lents à la colère sont à même d'apporter la paix. Ils sont plus rationnels et plus objectifs que les gens au tempérament soupe au lait. Ils ont l'attitude calme et relaxe nécessaire pour naviguer dans la tempête conflictuelle. Contrairement au calme de celui qui est lent à la colère, «*[l']* homme violent excite les querelles» (Pr 15.18). Contrairement à «celui qui a l'esprit calme» (Pr 17.27) et qui apporte des éléments de réflexion, l'homme violent ne peut gérer le désaccord sans perdre le contrôle de lui-même et de faire une scène horrible.

En accord avec les conseils de sagesse de l'Ancien Testament, Jacques donne aux premières Églises judéo-chrétiennes des instructions inestimables pour bien faire face aux conflits internes :

> Ainsi, que tout homme soit prompt à écouter, lent à parler, lent à se mettre en colère ; car la colère de l'homme n'accomplit pas la justice de Dieu
> (Ja 1.19,20).

Le sage conseil de Jacques s'applique également aux chrétiens de notre temps. Écoutons attentivement ce que les autres disent, soyons lents à donner notre avis ou à exprimer nos opinions, et lents à nous mettre en colère. Malheureusement nous adoptons très souvent un comportement inverse. Quand nous sommes contrariés ou frustrés, nous sommes prompts à exploser de colère, à émettre notre point de vue, à nous défendre et peu disposés à écouter les autres. Nous devons être lents à la colère, parce que «la colère de l'homme n'accomplit pas la justice de Dieu» (Ja 1.20). La colère coupable ne produit pas le comportement juste et saint que Dieu réclame de ses enfants. Si donc nous voulons plaire à Dieu et gérer prudemment un conflit de manière équitable, nous devons apprendre à réfréner notre colère.

2. MAÎTRISER LES ARDEURS DE LA COLÈRE

Nous sommes des chrétiens attachés à la Bible et, à ce titre, nous devons maîtriser notre colère quand nous abordons des questions doctrinales et éthiques. Nous sommes souvent des défenseurs passionnés de nos croyances et montons vite sur nos grands chevaux quand elles sont attaquées. *Mais la colère (même pour défendre la justice et la vérité) qui n'est pas sous le contrôle du Saint-Esprit et des principes de la Parole de Dieu cause des dégâts au sein du peuple de Dieu et nuit au témoignage de l'Évangile*[2].

La colère court-circuite une communication ouverte et féconde et empêche toute discussion honnête sur les problèmes soulevés.

Le problème est que la colère est comme le feu. On peut s'en servir pour se chauffer et faire la cuisine. Mais il peut aussi réduire une maison en cendres. Lorsqu'éclatent des disputes qui auraient grandement besoin d'une analyse objective de la situation, la colère s'enflamme soudain et échappe à tout contrôle. Elle fait que ce qui était rationnel devient subitement irrationnel et confus. Elle court-circuite

---

2. Il y a bien longtemps, Jonathan Edwards faisait déjà remarquer ceci : «Les gens sont souvent prêts à invoquer le zèle... pour l'honneur de Dieu et justifier ainsi leur indignation, alors qu'en réalité, c'est leur propre intérêt qui était en cause... Il est frappant de voir des hommes se lever comme s'ils étaient zélés pour Dieu... dans des situations où... leurs intérêts étaient en jeu, et d'en profiter pour vilipender les autres ou se plaindre d'eux», *Charity and Its Fruits*, 1852, réimpression à Edimbourg, Banner of Truth, 1978, p. 198.

une communication ouverte et féconde et empêche toute discussion honnête sur les problèmes soulevés.

a. **Mettez-vous en colère, mais ne péchez pas**

La colère est une émotion humaine normale dont chacun fait l'expérience. Elle est aussi une émotion que Dieu exprime. Sa sainte colère s'enflamme contre le mal (Ps 7.12), mais elle reste toujours parfaitement juste et sous contrôle. En tant qu'enfants de Dieu, nous devrions éprouver devant les injustices criantes ou la méchanceté manifeste (Ps 119.53) la juste indignation qu'il ressent. La colère juste devrait nous pousser à lutter contre l'injustice, la corruption morale et les fausses doctrines. C'est la colère devant les horreurs de la traite des Noirs qui incita William Wilberforce à combattre pendant plus de quarante ans pour l'abolition de ce fléau en Angleterre[3].

Jésus n'est jamais resté indifférent devant l'hypocrisie ou le péché. Poussé par une justice parfaite, il chassa les changeurs de monnaie hors du temple de Dieu parce que les chefs religieux d'Israël avaient transformé la Maison où on adorait Dieu en marché aux bestiaux pour leur enrichissement personnel. Conduit par le Saint-Esprit, Jésus donna libre cours à la juste colère de Dieu contre ceux qui avaient fait du temple une «caverne de voleurs[4]».

L'ennui pour nous qui suivons les traces de Jésus, c'est que la juste colère peut facilement se métamorphoser en colère pécheresse[5]. C'est pourquoi l'Écriture déclare :

> Si vous vous mettez en colère, ne péchez point (Ép 4.26).

---

3. Kevin Belmonte, *Hero for Humanity : A Biography of William Wilberforce*, Colorado Springs, Colorado, NavPress, 2002.
4. Mt 21.12,13 ; voir Jn 2.13-17.
5. «Ce jugement presque entièrement négatif porté sur le péché chez l'homme explique pourquoi le Nouveau Testament est tellement plus prudent que le monde environnant dans ses concessions», *Gustav Stählin*, «*orge*», dans TDNT, 5, 1967 : 421.

Notre tendance naturelle est de pécher quand nous nous mettons en colère. Nous laissons le courroux s'envenimer et nous consumer, ou bien nous cherchons par tous les moyens à nous venger nous-mêmes. Nous donnons libre cours à notre colère qui échappe à tout contrôle, ce qui fait le jeu du diable. La victoire sur une telle tentation n'est possible que si on marche dans l'obéissance aux directives du Saint-Esprit et aux instructions de la Parole de Dieu.

b. Dominez votre colère promptement, et ne donnez pas au diable l'occasion de s'en servir

Si nous ne gérons pas correctement notre colère, nous ouvrons la voie à une réalité terrifiante ! Le diable se servira de notre courroux comme d'un moyen pour nous causer de terribles dégâts et en causer à la communauté des croyants. Martyn Lloyd-Jones écrit : «J'affirme solennellement que rien ne donne au diable une telle occasion qu'une perte de contrôle de la colère humaine[6].» Le diable exploite adroitement la colère des croyants pour les inciter à pécher. Rien ne lui fait davantage plaisir que de susciter des disputes courroucées et scandaleuses au sein d'Églises et de familles chrétiennes, ainsi qu'entre amis chrétiens.

C'est pourquoi l'Écriture nous exhorte à ne pas laisser le soleil se coucher sur notre colère et à ne pas donner accès au diable (Ép 4.26,27). La colère coupable donne au diable l'occasion de prendre pied dans la vie du croyant et dans celle d'une assemblée chrétienne pour y accomplir son œuvre néfaste. Pour l'en empêcher, tous les disciples de Jésus doivent absolument gérer promptement et correctement leur colère pour qu'elle ne se transforme pas en amertume et en haine (Mt 5.21-24). Une famille avait pris à la lettre l'instruction d'Éphésiens 4.26,27. Ses membres avaient pris l'habitude avant de se coucher de se demander

6. D. Martyn Lloyd-Jones, *Darkness and Light ; An Exposition of Ephesians 4.17-5.17,* Grand Rapids, Baker, 1982, p. 234.

s'il y avait des problèmes non résolus qui méritaient d'être abordés pour empêcher que la colère et l'amertume n'empoisonnent leurs relations. C'est un exemple de ce que signifie : «ne pas laisser le soleil se coucher sur la colère». Ne vous endormez pas avant d'avoir fait face à la situation et lui avoir trouvé une issue constructive.

Malheureusement beaucoup de chrétiens ignorent «les ruses du diable» (Ép 6.11) et se laissent involontairement prendre à ses pièges. Il suffit d'un «homme colérique» pour commettre «beaucoup de péchés» (Pr 29.22). Ainsi, une dénomination chrétienne attachée à la Bible connut une grave scission à cause d'un homme qui s'en prenait inlassablement à tous ceux qui, dans cette dénomination, n'étaient pas de son avis concernant la date du retour de Christ. Des années plus tard, cet homme se rendit compte qu'il avait gravement péché contre beaucoup de ses frères et sœurs en dénigrant leur caractère et leurs motivations. Il reconnut qu'il avait cédé à la colère et ne l'avait pas contrôlée. Les autres acceptèrent sa confession, mais le mal était fait et ne put être réparé. Ne soyez pas naïfs devant des personnes en colère. Une seule suffit à détruire une communauté tout entière.

> « J'affirme solennellement que rien ne donne au diable une telle occasion qu'une perte de contrôle de la colère humaine. »
> – Martyn Lloyd-Jones

c. Restez calme et n'aggravez pas le conflit par des réactions colériques

Lors d'un conflit, nous n'avons pas seulement à gérer notre propre colère, mais nous devons également maîtriser notre façon de réagir à la colère des autres. Le livre des Proverbes indique le principe biblique directeur pour savoir comment nous comporter devant une personne irritée :

> Une réponse douce calme la fureur, mais une
> parole dure excite la colère (Pr 15.1).

L'attachement fidèle à ce principe permet de détendre des situations tendues. J'en ai souvent vu l'efficacité dans ma propre vie et dans mon ministère.

Dans la plupart des cas, une réaction douce et aimable à une explosion de colère apaise la personne courroucée. C'est pourquoi, lorsqu'une personne vous parle sur un ton irrité ou contrarié à propos de ce qui se passe dans l'Église, choisissez consciencieusement et prudemment vos mots pour répondre. En prenant la parole, répondez aimablement. Diminuez intentionnellement le volume de votre voix et adoptez un ton agréable. Contrôlez vos émotions. Si vous parvenez à faire tout cela, la personne irritée commencera à se calmer. Comme le dit l'Écriture : « Une langue douce peut briser des os » (Pr 25.15).

En revanche, si vous élevez la voix ou répondez par des propos durs, vous mettez de l'huile sur le feu. Il faut vous attendre alors à une explosion ! Rappelez-vous que les « accès de colère » et l'« hostilité » sont des œuvres de la chair qui ne font qu'empirer la situation (Ga 5.20 ; 2 Co 12.20). L'amour, lui, « ne s'irrite point » (1 Co 13.5). « L'insensé met en dehors toute sa passion », déclare le livre des Proverbes (29.11), contrairement au sage qui se retient pour calmer « la colère » (Pr 29.8). Dans tous les désaccords, un esprit paisible et doux favorise la paix, les échanges raisonnés et la sagesse d'en haut.

3. SE DÉPOUILLER DE L'ANCIENNE VIE DE COLÈRE ET REVÊTIR LA NOUVELLE TENUE DU CARACTÈRE DE CHRIST

L'un des hommes les plus remplis de piété, de grâce et de bonté que j'ai jamais rencontré est un missionnaire en Angola. Je fus surpris de l'entendre confesser ouvertement un jour qu'il s'emportait très facilement dans sa jeunesse. Il avait reconnu que ce trait de caractère déplaisait au Seigneur et qu'il risquait de lui causer de sérieux problèmes sur le champ missionnaire. Il avait donc décidé de changer d'attitude avec l'aide du Saint-Esprit. Pour reprendre une image biblique, il s'était dépouillé de l'ancien vêtement de la colère coupable et avait revêtu le vêtement nouveau de la patience, de la bonté et de la maîtrise de soi, à l'image de Christ. Le progrès chrétien dans la sanctification implique toujours le dépouillement du «vieil homme» pour se revêtir de «l'homme nouveau» (Col 3.5-17).

a. Ôter les vêtements anciens

À la conversion, les croyants se dépouillent «du vieil homme» et revêtent «l'homme nouveau» de la ressemblance à Christ. Notre vie nouvelle en Christ exige un changement pratique de style de vie (Ép 4.22,24). L'un de ces changements consiste à bannir «toute amertume, toute animosité, toute colère, toute clameur, toute calomnie, et toute espèce de méchanceté» (Ép 4.31) parce que ces choses appartiennent au «vieil homme [*qui*] a été crucifié avec lui [*Christ*]» (Ro 6.6). Pour souligner les changements qui s'opèrent dans le cœur et le caractère du véritable croyant, Paul se sert de l'image de vêtements anciens qu'il ôte et de nouveaux qu'il revêt. Dans un langage pratique, l'apôtre écrit :

> Mais maintenant, renoncez à toutes ces choses, à la colère, à l'animosité, à la méchanceté, à la calomnie... vous étant dépouillés du vieil homme et de ses œuvres, et ayant revêtu l'homme nouveau, qui se renouvelle, dans la connaissance, selon l'image de celui qui l'a créé. (Col 3.8-10)

Les attitudes courroucées font partie du style de vie d'autrefois et non régénéré, et n'ont plus leur place dans la garde-robe de l'être nouveau en Christ. Parce qu'ils sont de nouvelles créatures en Christ, les croyants doivent se défaire des vêtements sales du vieil homme. Comme Paul le déclare, nous devons rejeter «toute amertume, toute animosité, toute colère, toute clameur, toute calomnie» (Ép 4.31).

Certaines personnes ont beaucoup de mal à se débarrasser des vieux vêtements de la colère ; c'est pourquoi je tiens à raconter l'histoire d'un homme qui, par la puissance de la Parole de Dieu et du Saint-Esprit, a fini par triompher de la colère :

> Chrétien de fraîche date, je m'efforçais de mettre en pratique mon étude personnelle hebdomadaire de la Bible. J'en étais arrivé à Colossiens 3.8 : «Mais maintenant, renoncez à toutes ces choses, à la colère, à l'animosité, à la méchanceté, à la calomnie, aux paroles équivoques.» J'essayai de passer outre, mais le Seigneur me ramenait constamment en arrière à la parole : «Renoncez à la colère.»
>
> J'étais de tempérament violent. Quand la pression montait, j'étais capable de taper du poing dans la première porte. Même si j'ai souvent eu les jointures en sang et qu'une fois j'ai complètement brisé une superbe bague avec un onyx et un magnifique diamant que ma femme m'avait offerte, je n'arrivais pas à me maîtriser. Et là, j'avais devant les yeux, la parole de Dieu : «Renonce à la colère.» Ce n'était pas seulement un conseil pour les Colossiens d'il y a plusieurs siècles. Dieu s'adressait directement à moi.
>
> Je m'engageai donc par alliance devant Dieu à exercer un contrôle sur ma colère. La première

étape consista à apprendre le verset par cœur et à le réciter chaque jour. Je priai et demandai à Dieu de me rappeler ce verset chaque fois que je serais tenté de monter sur mes grands chevaux. Je demandai également à ma femme de prier pour moi et de me rappeler ce verset dès qu'elle s'apercevrait que je ne tenais pas ma promesse faite à Dieu. Colossiens 3.8 finit par devenir une partie intégrante de ma vie et chassa peu à peu ce péché[7].

Si vous aussi devez vous défaire du vieux vêtement de votre colère coupable, les étapes suivantes, qui ont fait leur preuve par le passé, vous aideront.

Premièrement, arrêtez-vous et priez immédiatement lorsque vous sentez la colère coupable monter dans votre âme et dans votre corps.

Certaines situations sont tellement contrariantes et pénibles sur le plan émotionnel que vous devez immédiatement vous tourner vers Dieu dans la prière pour obtenir le calme, la maîtrise, et ses directives. Lorsque vous êtes assailli par la peur et la colère, vous n'avez peut-être pas envie de prier, de penser à la Parole de Dieu ou aux directives de l'Esprit ; vous cherchez plutôt à vous venger et à vous faire justice vous-même. Sur le moment, cela vous soulage de libérer la pression et de réprimander les gens, mais plus tard, vous regretterez vos parles et vos actions. Si vous tolérez la fureur coupable, vous ne pouvez éviter de blesser les gens et de diviser une Église ou une famille. Vous rejoindrez alors la cohorte des insensés colériques décrits par Salomon :

---

7. Leroy Eims, *The Lost Art of Disciple Making*, Grand Rapids, Zondervan, 1978, p. 78-79.

- L'insensé met en dehors toute sa passion, mais le sage la contient (Pr 29.11).

- Celui qui est prompt à s'emporter proclame sa folie (Pr 14.29).

- Ne te hâte pas en ton esprit de t'irriter, car l'irritation repose dans le sein des insensés (Ec 7.9).

Deuxièmement, sachez que d'autres personnes observent votre façon de réagir aux provocations.

Votre réputation et votre caractère sont en jeu chaque fois que vous êtes exaspéré. Si vous réagissez comme un insensé colérique, vous perdez le respect de votre famille, de vos amis et de vos frères dans la foi. En revanche, si vous maîtrisez votre irritation et agissez avec calme et de façon raisonnable, votre estime grandira auprès de ceux qui sont témoins de votre conduite.

Troisièmement, ne parlez pas et n'agissez pas avant d'avoir repris le contrôle de vos émotions.

Votre premier devoir est de gérer votre colère avant de vous adresser aux autres ou de proposer une solution au différend. Ne faites rien avant d'avoir éteint les flammes de votre courroux intérieur :

> Un homme sage peut évidemment se sentir bouillir, mais il ne fera rien avant d'avoir réussi à se calmer. Lorsque vos vêtements prennent feu, vous vous roulez dans une couverture si vous le pouvez, et vous éteignez ainsi les flammes. De la même manière, lorsque votre cœur s'embrase en vous sous le coup de la colère, votre premier devoir

est d'éteindre les flammes. Vous serez ensuite en meilleure situation pour juger sainement et proposer une solution valable[8].

Quatrièmement, si vous péchez par colère, confessez votre péché et demandez pardon.

La colère débridée et mauvaise est capable de se justifier et de vous leurrer. Même des chrétiens peuvent commettre des choses horribles envers les autres et justifier leurs actions par leur raisonnement. Soyez donc sur vos gardes.

À vouloir justifier la colère de mauvais aloi, on ne fait qu'aggraver la situation. Si vous avez péché contre autrui par vos propos blessants et coupables ou par votre regard incendiaire, allez le trouver et mettez-vous rapidement en règle avec lui. Confessez votre péché et demandez pardon à celui à qui vous avez fait du tort.

Cinquièmement, si vous avez du mal à dominer votre colère, faites appel à l'aide de Dieu.

> « Que toute amertume, toute animosité toute colère, toute clameur, toute calomnie, et toute espèce de méchanceté disparaissent du milieu de vous. »
> Éphésiens 4.31

Commencez par étudier ce que la Parole de Dieu dit de la colère. Le Saint-Esprit utilisera cette connaissance pour vous convaincre, vous corriger et vous transformer. Il changera vos pensées et vos motivations, il vous aidera à vous débarrasser de toute animosité, toute colère, toute clameur, toute méchanceté et toute amertume[9]. Demandez chaque jour à Dieu la grâce nécessaire pour maîtriser votre

8. William Arnot, *Studies in Proverbs*, 1884, réimpression aux Éditions Grand Rapids, Kregel, 1978, p. 398.
9. Ép 4.31 ; Col 3.8.

colère, et cherchez dans des livres ou auprès d'autres personnes des bons conseils sur l'art et la manière de gérer la colère.

Sixièmement, évitez de vous associer à des gens colériques.

Certains chrétiens sont tellement prompts à exploser de colère que l'Écriture exhorte à les éviter :

> Ne fréquente pas l'homme colérique, ne va pas avec l'homme violent, de peur que tu ne t'habitues à ses sentiers, et qu'ils ne deviennent un piège pour ton âme (Pr 22.24,25).

Il est facile d'imiter les mauvais modèles ; choisissez donc d'imiter l'exemple de Christ et soyez vous-même un bon exemple. Ne fréquentez pas des gens soupe au lait, car vous risquez de suivre leur exemple et de devenir comme eux.

b. Revêtir de nouveaux habits

Se défaire des vieux vêtements de la colère, ce n'est que la moitié du travail. Ce geste nous laisse nus et vulnérables. Pour aller au bout de la transformation, il faut revêtir de nouveaux habits, à savoir les qualités et les grâces de Christ :

> Ainsi donc, comme des élus de Dieu, saints et bien-aimés, revêtez-vous de sentiments de compassion, de bonté, d'humilité, de douceur, de patience. Supportez-vous les uns les autres, et, si l'un a sujet de se plaindre de l'autre, pardonnez-vous réciproquement. De même que Christ vous a pardonné, pardonnez-vous aussi. Mais par-dessus toutes ces choses revêtez-vous de l'amour, qui est le lien de la perfection (Col 3.12-14).

Dans un monde rempli de colère et de violence, Dieu ne veut pas que ses enfants soient connus comme des gens colériques et partisans de la riposte directe. Le comportement explosif ne reflète pas le caractère de Christ ni l'œuvre du Saint-Esprit. C'est pourquoi nous devons revêtir de nouveaux habits qui reflètent notre statut de «nouvelle création» en Christ. *C'est seulement lorsque nous sommes correctement vêtus du caractère de Christ que nous pouvons gérer sainement les conflits et discuter paisiblement et utilement de nos différences doctrinales ou de nos façons de voir les choses.*

Le fait de revêtir Christ n'aura pas un impact seulement sur notre vie d'Église, mais il pourra également toucher le cœur de ceux qui sont encore hostiles à l'Évangile. Un apologiste chrétien bien connu répondit un jour à l'invitation d'un groupe pour répondre à leurs questions sur la foi chrétienne. L'un des étudiants était particulièrement opposé au message chrétien. Lors de réunions semblables dans le passé, il avait souvent réussi à entraîner les chrétiens sur le terrain des discussions houleuses. Cette fois-ci encore, le jeune sceptique fit tout ce qui était en son pouvoir pour faire sortir l'apologiste de ses gonds et perturber la réunion. Mais l'homme resta calme et répondit gentiment, patiemment et paisiblement (1 Co 13.4 ; 2 Ti 2.24-26).

À la fin de la soirée, fortement impressionné par le comportement plein de grâce de l'apologiste, le jeune homme demanda à le rencontrer en tête-à-tête pour en savoir davantage sur la foi. Si le défenseur de la foi chrétienne avait perdu le contrôle et manifesté de la colère, il aurait également perdu l'occasion de s'adresser personnellement au jeune étudiant et aurait laissé un impact négatif sur l'auditoire. Voilà un bel exemple de gestion de conflit, non avec colère, mais avec amour, humilité et par la puissance de l'Esprit.

Un homme violent excite des querelles,
mais celui qui est lent à la colère
apaise les disputes.
Proverbes 15.18

Principes clés à garder en mémoire

1. Dans un conflit, vérifiez immédiatement votre colère.

2. Soyez lent à vous mettre en colère.

3. Répondez gentiment et calmement à la personne en colère.

5

Maîtriser sa langue

Qu'il ne sorte de votre bouche aucune parole mauvaise,
mais, s'il y a lieu, quelque bonne parole, qui serve à
l'édification... N'attristez pas le Saint-Esprit de Dieu.
Éphésiens 4.29,30

Le conflit déclenche de violentes passions dans l'âme humaine. Il peut provoquer des maux de tête, faire bouillir de rage et donner des poussées d'adrénaline. Pire encore, un conflit peut transformer la bouche en arme de destruction massive! Nos paroles deviennent alors l'arme principale avec laquelle nous nous mordons, nous nous entre-dévorons et causons des torts aux relations dans la famille de Dieu. En conséquence, quelle que soit la nature du conflit, les paroles jouent un rôle, et un rôle très important.

Je suis convaincu que la plupart des conflits pourraient se résoudre avec le minimum de dégâts pour les personnes individuelles et pour l'Église si nous assujettissions notre colère et notre langue[1] au Saint-Esprit. D'ailleurs, *la gestion biblique des conflits passe indiscutablement par la maîtrise de la colère et de la langue.* La malheureuse guerre des mots qui est

---

1. La *langue* est une métaphore du langage.

présente dans de nombreuses disputes entre enfants de Dieu est fermement combattue par l'enseignement clair de l'Écriture :

> Qu'il ne sorte de votre bouche aucune parole mauvaise, mais, s'il y a lieu, quelque bonne parole, qui serve à l'édification et communique une grâce à ceux qui l'entendent. N'attristez pas le Saint-Esprit de Dieu, par lequel vous avez été scellés pour le jour de la rédemption (Ép 4.29,30).

Le Saint-Esprit est sensible à tout ce qui divise les enfants de Dieu qu'il a unis en Christ pour former un seul corps et « scellés pour le jour de la rédemption[2] », et qui leur cause du tort. C'est pourquoi l'Esprit s'intéresse beaucoup à la manière dont nous nous parlons les uns aux autres dans le corps de Christ. Le risque d'attrister le Saint-Esprit de Dieu par nos paroles devrait être une raison suffisante pour le choix de nos mots et la manière de les dire. Le succès dans la maîtrise de notre colère et de notre langue reflète clairement notre désir de marcher par l'Esprit et de gérer les conflits comme Christ l'a fait (Ga 5.16).

La plupart des conflits pourraient se résoudre avec le minimum de dégâts pour les personnes individuelles et pour l'Église si nous assujettissions notre colère et notre langue au Saint-Esprit.

1. TENIR SA LANGUE EN BRIDE

J'assistais à un cours sur l'Histoire de l'Église. Le professeur avait affirmé que Constantin, le premier empereur romain à accepter la religion chrétienne et à en faire la religion officielle de l'Empire, n'était pas un vrai croyant, un homme né de nouveau. Il expliquait que Constantin (vers 285-337) s'était servi du christianisme à

---

2. Ép 2.16,18 ; 4.30.

des fins politiques personnelles. Un étudiant exprima son désaccord avec le professeur et affirma que l'homme était un vrai croyant et un grand personnage dans l'Histoire de l'Église. Profondément contrarié, il s'en prit violemment à l'enseignant qui, à son tour, devint furieux et se mit sur la défensive. Les échanges verbaux devinrent tellement horribles et violents que la classe fut congédiée ; il fallait absolument séparer le professeur de l'étudiant.

Une semaine plus tard, le professeur reprit son cours et répéta que Constantin n'était chrétien que de nom.

« Ah bon ! s'exclama l'étudiant, j'avais cru comprendre que vous parliez d'*Augustin*[3], pas de Constantin. Je croyais que pour vous, *Augustin* n'était pas un chrétien authentique !

— Je parlais bien de Constantin et non d'Augustin.

— Dans ce cas, je suis tout à fait d'accord avec vous », conclut l'étudiant.

Le conflit avait éclaté parce qu'aucun des deux protagonistes n'avait compris l'autre ! Aucun n'avait écouté l'autre avec attention et respect. Et aucun d'eux n'avait semblé se soucier de l'impact de ses paroles sur l'autre, ni vouloir maîtriser sa langue.

Nous qui professons être disciples de Jésus-Christ, rappelons-nous que Jésus a solennellement averti que nos paroles révèlent les dispositions de notre cœur et que nous serons tenus responsables de chacune de nos paroles :

> Car c'est de l'abondance du cœur que la bouche parle... Je vous le dis : au jour du jugement, les hommes rendront compte de toute parole vaine qu'ils auront proférée (Mt 12.34,36).

La lettre de Jacques contient certaines des déclarations les plus profondes de toute l'Écriture à propos du contrôle de la langue. Jacques décrit la langue comme « un feu...

---

3. Augustin (vers 354-430) fut évêque d'Hippone en Afrique du Nord et un véritable enfant de Dieu.

le monde de l'iniquité. La langue... elle-même enflammée par la géhenne... un mal qu'on ne peut réprimer ; elle est pleine d'un venin mortel » (Ja 3.6,8). À ce titre, la bouche peut cracher commérages, rumeurs, mensonges, calomnies et fausses accusations.

À l'opposé, la vraie piété spirituelle se démontre par l'assujettissement de la langue :

> Si quelqu'un croit être religieux, sans tenir sa langue en bride, mais en trompant son cœur, la religion de cet homme est vaine (Ja 1.26).

Si nous nous vantons d'être religieux, mais que nous ne savons pas tenir notre langue en bride, nous nous séduisons nous-mêmes. Pour John Blanchard, « peu de choses donnent un aperçu plus clair de l'état du cœur de l'homme que les paroles qu'il prononce et sa manière de les prononcer[4] ».

Lorsqu'une querelle éclate, les gens se mettent trop souvent en colère et semblent ne plus se soucier de ce qu'ils disent. Au moment précis où ils devraient tenir leur langue en bride, ils la débrident et décochent des paroles comme des flèches pour blesser le vis-à-vis. Dans ce cas, Jacques a raison de dire que « la religion de cet homme est vaine ». Que le désaccord soit profond ou relativement insignifiant, nous devons maîtriser notre langue. Celui qui tient sa langue en bride est le vrai croyant spirituel, capable de côtoyer les gens et de gérer les conflits de façon constructive.

a. Être prompt à écouter

Il est navrant de constater à quel point nous écoutons peu et réagissons de façon excessive vis-à-vis de ceux

---

4. John Blanchard, *Truth for Life : A Devotional Commentary on the Epistle of James*, Hertfordshire, Royaume-Uni, Evangelical Press, 1986, p. 103.

qui sont d'un autre avis que nous. Nous nous raidissons immédiatement pour défendre notre ego et triompher de la partie adverse. Tandis que le protagoniste parle et expose son point de vue, nous faisons la sourde oreille, occupés que nous sommes à préparer notre riposte. Quelle folie ! « Celui qui répond avant d'avoir écouté fait un acte de folie et s'attire la confusion » (Pr 18.13).

Si, par exemple, le professeur de notre histoire avait posé quelques questions à l'étudiant et lui avait donné l'occasion d'expliquer ses objections, leur désaccord n'aurait jamais pris de telles proportions. Pour sa part, l'étudiant aurait pu demander à l'enseignant de préciser davantage sa pensée. Mais aucun d'eux ne cherchait à écouter l'autre. Chacun aurait dû exercer un contrôle sur sa langue en étant, selon le commandement de Jacques « prompt à écouter » et « lent à parler » (Ja 1.19).

> « Celui qui répond avant d'avoir écouté fait un acte de folie et s'attire la confusion. »
> Proverbes 18.13

Dans sa grande sagesse, le roi Salomon fait remarquer : « Les desseins dans le cœur de l'homme sont des eaux profondes, mais l'homme intelligent sait y puiser » (Pr 20.5). L'homme intelligent — l'homme sage — n'éprouve pas le besoin de monopoliser la parole. Il écoute attentivement et n'interrompt pas. Une personne vraiment sage pose les bonnes questions pour comprendre ce que l'autre dit et examiner la situation du point de vue de l'autre.

L'individu sage part aussi du principe que l'autre peut avoir raison ! Aucun d'entre nous ne raisonne toujours de façon juste. Si nous sommes ouverts à l'instruction, notre interlocuteur qui partage un avis différent du nôtre peut devenir notre meilleur instructeur. Les sages cherchent donc honnêtement à comprendre les arguments, le raisonnement et le point de vue de l'autre.

b. Être lent à parler

Nous devons être non seulement «prompts à écouter», mais également «lents à parler». Cela signifie que la plupart d'entre nous doivent faire un effort soutenu pour ne pas ressembler au professeur et à l'étudiant qui étaient tous les deux prompts à parler, à s'accuser et à s'injurier mutuellement. Apprenons à modérer notre envie de faire connaître nos opinions, à être le premier à répondre, à monopoliser une conversation, et à condamner.

Peut-être aimons-nous nous entendre parler, mais Salomon nous met en garde contre les excès de la parole :

- Celui qui parle beaucoup ne manque pas de pécher, mais celui qui retient ses lèvres est un homme prudent (Pr 10.19).

- Celui qui veille sur sa bouche et sur sa langue préserve son âme des angoisses (Pr 21.23).

- Celui qui retient ses paroles connaît la science, et celui qui a l'esprit calme est un homme intelligent (Pr 17.27).

- Celui qui veille sur sa bouche garde son âme (Pr 13.3).

- Les lèvres de l'insensé se mêlent aux querelles, et sa bouche provoque les coups (Pr 18.6).

Les sages tirent profit de la maîtrise de leur langue. En revanche, le manque de retenue des insensés les conduit à se quereller.

La maîtrise de la langue est un exercice difficile, voire impossible pour ceux qui ne peuvent compter sur le Saint-Esprit. «La langue, aucun homme ne peut la dompter, écrit Jacques ; c'est un mal qu'on ne peut réprimer ; elle est pleine d'un venin mortel» (Ja 3.8). Et l'auteur n'exagère pas.

Une langue débridée détruit familles et amitiés, et peut provoquer le naufrage d'une Église. Mais si nous avons l'Esprit Saint en nous, nous bénéficions de la puissance de Dieu pour nous aider à maîtriser cette langue indomptable. Faisons nôtre la prière du psalmiste :

Éternel, mets une garde à ma bouche, veille sur la porte de mes lèvres! (Ps 141.3.)

2. CHOISIR LES PAROLES JUSTES

La parole est un don merveilleux qui nous différencie du règne animal et prouve que nous sommes faits à l'image de Dieu. Elle témoigne également en faveur de la nouvelle vie en Christ que le croyant a reçue.

Dieu veut que l'«homme nouveau» du croyant se manifeste par sa façon de parler[5], en particulier lorsqu'il est en conflit avec ses frères et sœurs en Christ et que ses émotions sont fortement sollicitées.

> **Notre façon de parler lorsqu'un conflit surgit indique si une situation potentiellement explosive va se calmer ou, au contraire, s'envenimer.**

Notre façon de parler lorsqu'un conflit surgit indique si une situation potentiellement explosive va se calmer ou, au contraire, s'envenimer. Répondre à des propos irrités par des paroles encore plus courroucées, c'est mettre de l'huile sur le feu de la dispute. «Une réponse douce calme la fureur» (Pr 15.1). *Ne répondons pas à des propos vils et désobligeants par des paroles encore plus viles et plus désobligeantes ; nous ne devons pas réagir par des paroles méchantes à des paroles méchantes*[6]. Au contraire, nous devons répondre au mal par le bien. Nos paroles doivent être saines et procurer la guérison ; elles doivent édifier les

---

5. Ép 4.29 ; 5.4 ; 1 Ti 4.12 ; Tit 2.7,8 ; Ja 3.9,10.
6. Lu 6.28,29 ; Mt 5.38-42 ; 1 Co 4.12 ; Ro 12.17,21 ; 1 Th 5.15 ; 1 Pi 3.9.

autres, pas les démolir. Attaqués verbalement, bénissons ; persécutés, supportons ; calomniés, réagissons avec bonté et maîtrise (1 Co 4.12,13).

Pour gérer bibliquement un conflit, il faut connaître le pouvoir des mots et réagir en conséquence : «La mort et la vie sont au pouvoir de la langue» (Pr 18.21). Des paroles blessantes créent des conflits ; des propos durs et incendiaires les enveniment ; le commérage empoisonne les relations et sépare les gens. Des paroles douces et pleines de grâce ont un effet calmant ; elles finissent par convaincre, font tomber la pression et apportent finalement la paix et la réconciliation.

a. Éliminez de votre vocabulaire les paroles blessantes

La langue est l'une des armes les plus cruelles que l'homme possède, et «les blessures causées par des propos cinglants se classent parmi les expériences humaines les plus douloureuses[7]». Des paroles cruelles et tranchantes peuvent s'imprimer à vie dans l'esprit de certaines personnes et compromettre définitivement leurs relations avec l'offenseur. Certains se vantent de leur aptitude à démolir les autres par leurs paroles et remarques effilées comme un rasoir. Ils prennent à la légère Proverbes 12.18 qui déclare : «Tel, qui parle légèrement, blesse comme un glaive [avec l'intention de blesser et de tuer].»

Après des années d'expérience d'engagement dans une querelle douloureuse, Francis Schaeffer, déclare à propos du pouvoir des propos tranchants :

> Une chose bien précise sépare souvent les *vrais chrétiens*, ainsi que leurs groupes dans de nombreux pays, et elle donne naissance à une

---

7. H. C. Leupold, *Exposition of the Psalms,* Grand Rapids, Baker, 1969, p. 262.

rancune qui peut durer 20, 30 ou 40 ans ... C'est indéniablement une question de manque d'amour caractérisé par des paroles acerbes qui sont échangées par les vrais chrétiens au sein de leur divergence d'opinions. Celles-ci collent à notre esprit comme de la poix[8].

Le Saint-Esprit n'incite pas les chrétiens à faire des remarques cruelles, mesquines, méchantes ou offensantes. Ce genre de propos appartient aux «œuvres de la chair», pas au fruit de l'Esprit. L'Esprit Saint veut que le chrétien soit «un modèle de... parole saine» (Tit 2.7,8). Cela signifie que nous ne devons pas appliquer à ceux avec lesquels nous sommes en désaccord des épithètes aussi immondes que «perdants», «idiots», «hérétiques» ou «libéraux». Les membres du peuple de Dieu doivent s'aimer les uns les autres ; «l'amour ne s'enfle pas d'orgueil et ne fait rien de malhonnête» (1 Co 13.4,5). Jacques exprime le point de vue du Saint-Esprit sur le mauvais usage de la langue quand il écrit :

Par elle nous bénissons le Seigneur notre Père, et par elle nous maudissons les hommes faits à l'image de Dieu. De la même bouche sortent la bénédiction et la malédiction. Il ne faut pas, mes frères, qu'il en soit ainsi (Ja 3.9,10).

Pour triompher d'une langue tranchante, supprimez de votre vocabulaire quotidien tous les termes de dénigrement, tous les mots qui rabaissent, raillent, insultent ou avilissent le peuple de Dieu. «La bataille pour la sainteté vocale est de longue haleine ; elle doit être menée constamment, jour après jour, heure après heure[9]», affirme Sinclair Ferguson. Si vous vous surprenez à utiliser des termes désobligeants,

8. Francis Schaeffer, *La marque du chrétien,* La Maison de la Bible, 1997, p. 20.
9. Sinclair Ferguson, «The Bit, the Briddle, and the Blessing : An Exposition of James 3.1-12» dans *The Power of Words and the Wonder*

ne justifiez pas ce langage malsain, mais confessez-le comme un péché qui attriste le Saint-Esprit de Dieu. Rappelez-vous que la bouche ne fait qu'exprimer ce qui a dans le cœur (Lu 6.45) et que le péché est déjà à la racine du langage incorrect.

b. Se méfier des discours incendiaires

Quiconque est vraiment désireux de gérer les conflits d'une manière qui honore Christ doit se garder des paroles exagérées et des discours incendiaires, car ils ne font qu'alimenter la colère et éloignent de toute recherche authentique de solution. Apprenez des exemples suivants combien il importe de s'exprimer avec des termes mesurés et justes plutôt que de tenir des propos exagérés.

Les membres d'une Église se disputaient au sujet d'un certain style de musique. Ils se plaignaient tout à la fois de ce que l'accompagnement musical était trop rapide, trop lent, trop vieux, trop moderne, trop fort, trop doux! Une dame âgée qui tenait un rôle important dans l'assemblée accusa le chef de chœur de faire «du rock and roll», encourageant une autre personne à déclarer que l'Église «ressemblait à un night-club». Ce n'était pas l'avis de tous! En effet, un jeune homme reprocha au directeur musical de jouer des «chants funèbres» qui décourageaient les gens de venir au culte. Aucun de ces propos exagérés et incendiaires n'était vrai. Et aucun n'aidait les responsables de l'Église qui cherchaient à mettre un terme à cette guerre de la musique. Cette rhétorique absurde divise les gens et complique la tâche de ceux qui œuvrent pour une solution pacifique.

Le fait de parler de façon véridique et sans exagération est surtout important quand il s'agit d'aborder des différences doctrinales. À titre d'exemple, les partisans

of God, édition John Piper et Justin Taylor, Wheaton, Illinois, Crossway, 2009, p. 48.

de la doctrine de l'élection divine et ceux qui défendent le libre arbitre de l'homme utilisent souvent un langage incendiaire dans leurs débats. Les arminiens qui insistent sur le libre arbitre accusent parfois les calvinistes de fonder leur doctrine sur la philosophie grecque du déterminisme et de ne pas tenir compte des Écritures, ce qui a pour effet d'irriter les calvinistes qui prônent la souveraineté de Dieu dans l'élection. À l'inverse, certains calvinistes traitent les arminiens d'hérétiques et vont parfois jusqu'à supposer qu'ils ne sont pas nés de nouveau, compte tenu de leur insistance sur le salut par les œuvres. Les arminiens s'irritent devant cette accusation. Tous ces termes sont mal choisis et nuisibles. Ce langage n'est jamais édifiant pour aborder les vérités de l'Écriture parmi ceux qui aiment Dieu et sa Parole.

> **On doit se garder des paroles exagérées et des discours incendiaires, car ils ne font qu'alimenter la colère et éloignent de toute recherche authentique de solution.**

Tous les croyants sont tenus devant Dieu d'utiliser des termes justes et modérés dans leurs différends. Les propos excessifs et incendiaires peuvent à la rigueur convenir dans le domaine de la politique séculière et servir les desseins de fanatiques religieux paranoïaques qui mentent et tuent, mais ils sont tout à fait inacceptables pour ceux qui professent « la parole de la vérité, la parole de l'Évangile » (Col 1.5) et qui sont créés « selon Dieu dans une justice et une sainteté que produit la vérité » (Ép 4.24).

Dieu hait toute forme de discours mensonger : « Les lèvres fausses sont en horreur à l'Éternel, mais ceux qui agissent avec vérité lui sont agréables » (Pr 12.22). Notre Évangile est l'Évangile de vérité et notre Dieu le Dieu de vérité ; c'est pourquoi il exige que nous nous disions la vérité dans l'amour (Ép 4.15). Les termes excessifs sont une forme de fausseté qui déforme la vérité. Les propos incendiaires alimentent le ton passionné des débats et divisent encore davantage les personnes qui discutent de leurs différends. Ce langage ne résout pas le problème ; il le complique au contraire. Il est donc impératif que les croyants refusent de s'engager dans cette voie des propos exagérés et incendiaires.

Si vous voulez triompher de ce type de péché, supprimez toutes les déclarations à l'emporte-pièce à propos des croyances d'autrui. Ne les dénaturez pas et ne les déformez pas. Dans vos conversations quotidiennes, tenez-vous à un langage juste et véridique, comme le Saint-Esprit nous enseigne à le faire.

c. Ne pratiquez pas le commérage

D. E. Hoste, le successeur de Hudson Taylor qui fonda la Mission à l'Intérieur de la Chine, avait beaucoup étudié le comportement humain. Meneur d'hommes particulièrement doué, Hoste eut à diriger plus de mille missionnaires à travers la Chine. À propos des problèmes les plus difficiles que la mission eut à résoudre en Chine, il écrivit :

> En regardant en arrière sur ces cinquante années écoulées, je pense vraiment que si on me demandait d'indiquer ce qui a fait le plus de torts et occasionné le plus de soucis et de divisions dans l'œuvre de Dieu, je dirais que c'est le rapportage[10].

Le commérage, ou rapportage, est l'un des péchés les plus courants de la discorde. C'est une œuvre de la chair (2 Co 12.20). Comme une maladie contagieuse grave, il empoisonne l'esprit des gens et crée chaos et désinformation. Ce péché horrible sépare les gens entre

---

10. Phyllis Thompson, *D. E. Hoste, "A Prince with God"*, Londres, China Inland Mission, 1947, p. 121.

eux et détruit la paix. Le livre des Proverbes le condamne comme un acte qui «divise les amis» (Pr 16.28 ; 17.9). Il peut causer de grands dégâts au sein d'une assemblée de croyants, surtout lorsqu'un conflit surgit.

On est consterné devant la désinformation, les demi-vérités, les insinuations, les exagérations, les faits déformés et les purs mensonges qui circulent parmi le peuple de Dieu, aujourd'hui en particulier sur l'Internet. La langue est indiscutablement «un feu... un mal qu'on ne peut réprimer ; elle est pleine d'un venin mortel» (Ja 3.6,8). Une fois allumé, le feu s'éteint difficilement — même avec la vérité.

L'un des moyens les plus rapides pour arrêter le commérage et les divisions qu'il crée, c'est de ne pas le répéter : «Faute de bois, le feu s'éteint ; et quand il n'y a point de rapporteur, la querelle s'apaise» (Pr 26.20). Mais la plupart d'entre nous éprouvent un malin plaisir à rapporter ; l'Écriture nous dit même qu'il est difficile de résister au rapporteur car ses «paroles [...] sont comme des friandises» (Pr 26.22). Un des responsables d'une Église friande de commérage confirme ce fait : «Nous avons une Église remplie de gens qui se nourrissent de commérages à la manière des vautours.» Tant que les gens ne prendront pas conscience de leur appétit du papotage et ne s'en repentiront pas, ils n'arrêteront pas de se quereller.

Pour triompher du commérage, il suffit de renoncer à papoter. Éliminons-le de nos conversations quotidiennes et évitons les rapporteurs. Le livre des Proverbes nous exhorte à ne pas nous mêler «avec celui qui ouvre ses lèvres» (Pr 20.19) que Bruce Waltke qualifie de «bavard stupide[11]».

---

11. Bruce K. Waltke, *The Book of Proverbs 1 – 15*, NICOT, Grand Rapids, Eerdmans, 2004, 1 :148.

d. Employez des paroles pleines de grâce et édifiantes

Dans notre monde saturé de médias, où des têtes pensantes arrogantes ferment le caquet des autres, réduisent les problèmes complexes à un bon mot, transforment leurs adversaires en foules admiratives, il existe tout de même des modèles de discours pleins de grâce et de vérité. L'encouragement de Paul à Timothée d'être « un modèle pour les fidèles, en parole » (1 Ti 4.12) doit nous inciter, nous aussi, à être des exemples en matière de paroles pleines de grâce, vraies et édifiantes. Une parole saine et maîtrisée a le pouvoir de calmer les gens colériques, de cicatriser des plaies, de résoudre des conflits, de convaincre les adversaires et de rassembler les parties en désaccord. Elle exerce un réel pouvoir lorsqu'elle sert à édifier les membres du corps de Christ et à « communiquer une grâce à ceux qui l'entendent » (Ép 4.29).

Notez les effets des paroles pleines de grâce et édifiantes dans le domaine de la résolution de conflits :

- Des paroles aimables et conciliantes peuvent calmer une personne irritée : « Une réponse douce calme la fureur, mais une parole dure excite la colère » (Pr 15.1).

- Des paroles pleines de grâce peuvent consoler un cœur malade et meurtri : « La langue des sages apporte la guérison » (Pr 12.18) ; « L'inquiétude dans le cœur de l'homme l'abat, mais une bonne parole le réjouit » (Pr 12.25). Des paroles pleines de grâce « sont un rayon de miel, douces pour l'âme et salutaires pour le corps » (Pr 16.24).

- Des paroles agréables augmentent le pouvoir de persuasion (Pr 16.21). Des paroles douces et patientes sont capables de calmer les discussions les plus vives et de vaincre l'adversaire le plus résistant : «Par la lenteur à la colère on fléchit un prince, et une langue douce peut briser des os» (Pr 25.15).

Si donc vous désirez gagner les gens et les convaincre de manière spirituelle, utilisez des paroles pleines de grâce, édifiantes et encourageantes. Choisissez vos mots avec sagesse, et réfléchissez comment faire pour édifier les autres au lieu de les démolir. Apprenez à parler comme un artisan de paix, un homme qui encourage, exhorte et console. Faites preuve de grâce en bénissant même ceux qui disent du mal de vous.

> **Si nous décidons d'utiliser des paroles de vérité et de grâce, nous pourrons trouver à tout conflit une solution qui honore Christ.**

Lorsque vous êtes devant un conflit, prenez d'avance la ferme décision de toujours dire la vérité. *La véracité est le fondement de tout discours édifiant.* La «parole de vérité» est la caractéristique de tous les «serviteurs de Dieu» et de tout «ministère» qui honore Dieu (2 Co 6.3,4,7). Si nous décidons d'utiliser des paroles de vérité et de grâce, nous pourrons trouver à tout conflit une solution qui honore Christ.

3. LA SÉVÉRITÉ DANS L'AMOUR

On pourrait croire que Paul se contredit quand il utilise des termes sévères et même sarcastiques en écrivant aux Corinthiens (et aux Galates), lui qui ne cessait de prôner le support mutuel, la bonté et l'amour[12]. Pour comprendre cette contradiction apparente, il faut savoir que pendant

---

12. 1 Co 3.1-4 ; 4.8,10,18-21 ; 5; 6.1-8; 15.34 ; 2 Co 11.4,19,20 ; 12.20,21 ; 13.1-3.

l'absence de Paul, les Corinthiens s'étaient dangereusement aventurés dans les eaux de la sagesse mondaine. Ils avaient commencé, par leur attitude et leurs pratiques, à nier les implications de l'Évangile (1 Co 1 – 4). Ils avaient également subi l'influence de faux apôtres, agents de Satan, qui critiquaient l'autorité et l'Évangile de Paul[13].

Pour sortir les fiers Corinthiens de leur torpeur et les arracher à l'influence mortelle des faux apôtres et de leur propre égarement volontaire, Paul s'est servi d'un langage ferme afin de les secouer et leur ouvrir les yeux. Ils étaient au bord de l'autodestruction. Il leur écrivit sévèrement pour les ramener à la réalité. Ses lettres à ses convertis égarés ne sont pas des invectives mordantes et arrogantes. Elles sont des chefs-d'œuvre de tact et d'adresse pour les convaincre avec fermeté, solennité et amour.

a. Paul écrivit avec sévérité et amour

C'est motivé par un amour profond pour ses « enfants bien-aimés » (1 Co 4.14) et un grand souci de leur sort que l'apôtre écrivit de façon sévère et sarcastique. Il les aimait plus que sa propre vie. Il choisit de leur écrire ainsi en cette occasion à cause de la relation particulière qui l'unissait à ceux dont il était le père spirituel[14]. Roy Zuck fait remarquer que « ces réprimandes fermes et ces reproches sévères… n'étaient pas incompatibles avec son amour. Elles en découlaient même[15] ».

Bien qu'il se sentît obligé de reprendre les Corinthiens et de leur parler sur un ton sévère, il ne pouvait pas s'empêcher de leur témoigner son amour par des déclarations les plus tendres et les plus affectueuses. Par exemple :

---

13. 2 Co 10.2,10 ; 11.12-15 ; 12.11,17-19 ; 13.3.
14. 1 Co 4.14-16 ; 9.1-3 ; 2 Co 3.1-3 ; 10.14 ; 11.2.
15. Roy Zuck, *Teaching as Paul Taught*, Grand Rapids, Baker, 1998, p. 104.

- Ce n'est pas pour vous condamner que je parle de la sorte ; car j'ai déjà dit que vous êtes dans nos cœurs à la vie et à la mort (2 Co 7.3).

- ... ce ne sont pas vos biens que je cherche, c'est vous-mêmes... Pour moi, je ferai très volontiers des dépenses et je me dépenserai moi-même pour vos âmes. En vous aimant davantage, serais-je moins aimé de vous ? (2 Co 12.14,15[16].)

Les Corinthiens avaient peut-être été tentés de penser que Paul les méprisait, mais l'apôtre les assure de son amour tendre en des termes les plus personnels et les plus affectueux. Il termine d'ailleurs sa première lettre aux Corinthiens par ces mots : « Mon amour est avec vous tous en Jésus-Christ » (1 Co 16.24).

b. Paul écrivit sévèrement et avec larmes

Paul éprouva beaucoup de peine de devoir utiliser un langage sévère dans ses lettres à ses enfants bien-aimés (2 Co 12.11). Sa remarquable deuxième lettre aux Corinthiens révèle de façon inhabituelle la profondeur de l'amour de l'apôtre. Il écrit :

C'est dans une grande affliction, le cœur angoissé, et avec beaucoup de larmes, que je vous ai écrit, non pas afin que vous soyez attristés, mais afin que vous connaissiez l'amour extrême que j'ai pour vous (2 Co 2.4 ; voir aussi 7.8).

À ses Galates bien-aimés, il déclare : Mes enfants, pour qui j'éprouve de nouveau les douleurs de l'enfantement, jusqu'à ce que Christ soit formé en vous, je voudrais être maintenant auprès de vous, et changer de langage... (Ga 4.19,20).

---

16. Voir aussi 2 Co 2.4 ; 6.11 ; 11.11.

Paul n'était pas un leader passif refusant de réagir aux fauteurs de troubles et aux faux docteurs de l'Évangile. Quand bien même il aurait préféré rendre visite à ses convertis égarés «avec amour et dans un esprit de douceur», il était cependant prêt à venir avec la «verge» de la correction[17]. Mais il préférait ne pas s'appuyer sur son autorité apostolique pour réprimander sévèrement :

> C'est pourquoi j'écris ces choses étant absent, afin que, présent, je n'aie pas à user de rigueur, selon l'autorité que le Seigneur m'a donnée pour l'édification et non pour la destruction (2 Co 13.10).

Paul n'éprouvait aucun plaisir à se montrer sévère ou sarcastique, et n'avait aucun intérêt à étaler sa connaissance. Il écrivit aux Corinthiens «le cœur angoissé et avec beaucoup de larmes» (2 Co 2.4). Il se lamentait sur leur péché et priait pour leur «perfectionnement» (2 Co 13.9). Tout ce qu'il disait et faisait visait leur édification[18].

En constatant que ses lettres avaient amené les Corinthiens à se repentir et à corriger leur façon d'agir, Paul fut au comble de la joie (2 Co 7.8-13). Il devrait en être de même pour nous. Lorsque nous réprimandons des frères dans la foi ou que nous dénonçons fermement leur fol égarement ou leur croyance erronée, faisons-le avec amour et dans le souci de leur bien. Même si nous devons utiliser des termes sévères, exerçons un contrôle sur notre langue et choisissons des termes avec soin pour être sûrs que tout ce que nous faisons est fait «avec amour» (1 Co 16.14).

Sois un modèle pour les fidèles, en parole...
1 Timothée 4.12

---

17. 1 Co 4.21. Voir aussi 2 Co 1.23,24 ; 2.1-4,10 ; 4.5,12,15 ; 5.13 ; 6.3-13 ; 7.3 ; 10.1,8 ; 11.7-9 ; 12.14-15,17-19 ; 13.7, 9,10.
18. 2 Co 1.23,24 ; 2.1,2,10 ; 7.8-12 ; 10.8.

Principes clés à garder en mémoire

1. Dans un conflit, soyez prompt à écouter et lent à parler.

2. Gardez votre langue contre toute parole tranchante ou propos enflammé.

3. Parlez avec grâce et véracité, en prononçant des paroles qui édifient, guérissent et unissent.

6

Attention à la critique !

Ne parlez point mal les uns des autres, frères.
Jacques 4.11

En visitant la ferme d'un ami, je m'aperçus qu'il manquait des plumes à certains poulets qui couraient. Quelques-uns avaient même des plaies ouvertes sur le corps. J'en demandai la raison au fermier qui me répondit sur un ton désinvolte : « Oh, ils aiment se donner des coups de bec ! » C'est exactement ce qui se passe entre certaines personnes : elles aiment s'envoyer des piques ! Elles aiment relever les fautes d'autrui, critiquer, se plaindre des autres et les condamner. Quiconque a vécu dans une Église a immanquablement rencontré des gens mesquins qui se plaignent constamment et d'autres qui passent leur temps à relever les manquements d'autrui. Ils se conduisent plus comme des poulets qui se donnent des coups de bec que comme des croyants remplis de l'Esprit.

Ceux qui se plaisent à détecter les fautes d'autrui ont une étonnante facilité pour rassembler autour d'eux une foule d'insatisfaits et de querelleurs, et ils sont capables d'exercer un pouvoir terriblement destructeur dans une Église. Ils ont le sentiment de rendre un grand service à Dieu et aux anges en relevant et en critiquant les fautes d'autrui. L'Écriture, elle, est d'un tout autre avis. Jacques exhorte à ne pas dire du «mal les uns des autres» et à ne pas se plaindre «les uns des autres» (Ja 4.11 ; 5.9). Paul recommande de ne plus nous juger «les uns les autres» (Ro 14.13), «de ne médire de personne» — croyant ou incroyant (Tit 3.2). Dieu ne veut pas que ses enfants en qui son Esprit habite soient connus comme des gens qui médisent, critiquent et dénigrent les autres.

Si nous désirons refléter le caractère de Christ, *il ne suffit pas de maîtriser notre colère et notre langue dans une situation conflictuelle ; nous devons également dominer tout esprit de jugement malsain et toute attitude récriminatrice.* La critique et le jugement ne sont pas toujours mauvais en soi ; il y a des cas où la réprimande et la critique constructives sont nécessaires et justes. Mais la critique médisante, le jugement hypocrite et le fait de se plaindre systématiquement sont des vices coupables et de grands facteurs de division. C'est une façon sournoise de se mordre et de s'entre-dévorer.

1. CESSER DE DIRE DU MAL D'AUTRUI

Dieu exige que les membres de son peuple s'aiment les uns les autres et prennent soin les uns des autres au lieu de donner libre cours à la haine et à la calomnie entre eux. Pour une vie pratique sainte, la loi de Moïse interdit la calomnie et la haine :

> Soyez saints, car je suis saint, moi, l'Éternel, votre Dieu... Tu ne répandras point de calomnies parmi ton peuple. Tu ne t'élèveras point contre le sang de ton prochain. Je suis l'Éternel.

> Tu ne haïras point ton frère dans ton cœur ; tu auras soin de reprendre ton prochain, mais tu ne te chargeras point d'un péché à cause de lui. Tu ne te

vengeras point, et tu ne garderas point de rancune contre les enfants de ton peuple. Tu aimeras ton prochain comme toi-même. Je suis l'Éternel (Lé 19.2,16-18 ; voir aussi Ps 101.5 ; Pr 10.18).

Moïse savait par expérience personnelle à quel point les Israélites avaient besoin d'observer ces instructions. Quoi qu'il fît, les enfants d'Israël trouvaient toujours à redire. À plusieurs reprises, ils mirent en doute ses motivations et critiquèrent impitoyablement ses compétences de chef. Par leurs calomnies et leurs critiques injustes, ils lui donnèrent tellement de coups de bec qu'il souhaita même mourir (No 11.10-15).

Dieu ne veut pas que ses enfants en qui son Esprit habite soient connus comme des gens qui médisent, critiquent et dénigrent les autres.

Les interdictions divines de calomnier et de haïr étaient nécessaires, car les Israélites ne parviendraient à devenir une nation unie et sainte que s'ils s'honoraient et s'aimaient les uns les autres[1]. La haine et la calomnie corrompraient la sainte nation de Dieu. Dans le Nouveau Testament, Jacques s'inspire de Lévitique 19 et interdit la calomnie au sein du peuple de Dieu avec la même fermeté :

Ne parlez point mal les uns des autres, frères. Celui qui parle mal d'un frère, ou qui juge son frère, parle mal de la loi et juge la loi. Or, si tu juges la loi, tu n'es pas observateur de la loi, mais tu en es juge. Un seul est législateur et juge, c'est celui qui peut sauver et perdre ; mais toi, qui es-tu, qui juges le prochain ? (Ja 4.11,12)

---

1. Voir aussi Est 3.8,9 ; Ps 50.19,20 ; 55.22 ; 59.8 ; 64.4,5 ; 140.4,12 ; Pr 10.18 ; 20.19 ; Jé 9.3-6,8 ; 18.18.

Jacques proscrit toute parole calomnieuse ou dégradante, ainsi que les remarques désobligeantes, les critiques injustifiées, la diffamation, l'avilissement des personnes et les fausses accusations[2].

La plupart des chrétiens ne se rendent pas compte à quel point la médisance meurtrit les gens et provoque de méchantes disputes. C'est véritablement un puissant moyen démoniaque pour la destruction de la communauté des croyants[3]. John Blanchard, un évangéliste qui a beaucoup voyagé fait remarquer : «On constate avec honte à quel point aujourd'hui la médisance est répandue dans nos organisations chrétiennes, et elle entraîne toujours des relations abîmées[4].»

Malgré ces avertissements, certains croyants sont tellement habitués à critiquer les autres et à dire du mal d'eux qu'ils considèrent cette attitude comme normale. Elle ne l'est pas du tout! Un tel langage est une œuvre de la chair (2 Co 12.20). La calomnie est l'œuvre du diable (son nom signifie «accusateur» ou «calomniateur»). Il est l'accusateur infatigable des membres du peuple de Dieu, «il les accusait devant notre Dieu jour et nuit» (Ap 12.10).

Le Saint-Esprit ne conduit pas les croyants à dire du mal des autres ni à se conduire en pinailleurs ou en critiques sévères. «Par honneur, usez de prévenances réciproques», enseigne l'Écriture aux croyants (Ro 12.10). En décidant d'honorer les autres au lieu de les critiquer ou de dire du

---

2. «Parler mal» de quelqu'un traduit le verbe grec *katalaleo* : «dire du mal, parler de façon dégradante, diffamer, calomnier» (BDAG, 519). La forme nominale *katalalia* apparaît dans 2 Corinthiens 12.20 et 1 Pierre 2.1, où le terme est traduit par «médisance».
3. D'après 1 Corinthiens 5.11, l'Église doit exercer la discipline à l'encontre d'un dénigreur ou d'un calomniateur impénitent. Le mot dénigreur traduit le terme grec *loidoros*, une personne abusive (BDAG, 602). Ce personnage tient des propos abusifs ou méchants dans le but de blesser, abattre et détruire. Le dénigrement est un péché. Le terme est parfois traduit par médisance ou calomnie.
4. John Blanchard, *Truth For Life*, Hertfordshire, Royaume-Uni, Evangelical Press, 1986, p. 305.

mal d'eux, nous favorisons le développement de l'amour ainsi que l'harmonie entre frères et sœurs. Permettez-moi de donner un exemple de ce principe à l'œuvre.

Notre Église fut fondée par un groupe de familles qui avaient quitté leur ancienne Église par déception ; elles lui reprochaient d'avoir laissé de nombreuses questions et de graves problèmes en suspens. Aucune de ces familles n'avait eu l'intention de fonder une nouvelle Église, mais un an après leur départ, elles décidèrent de se réunir régulièrement pour étudier la Bible ensemble. C'est ainsi que naquit une nouvelle assemblée.

Dès le départ, les responsables s'engagèrent par serment à ne pas critiquer leur ancienne Église, à ne dire du mal d'aucun de ses membres et à n'engager aucune forme de critique verbale. Ils savaient que la critique nuirait à de nombreuses relations familiales (certains membres de l'Église naissante avaient des parents dans leur ancienne Église) et réduirait à néant tout espoir d'unité future. Notre Église démarra donc sur une note positive. En l'espace de sept ans, les deux Églises renouèrent de doux liens de communion fraternelle et purent collaborer dans l'annonce de l'Évangile.

Ce bel exemple montre comment maintenir ou rétablir l'unité. Il suffit que les chrétiens refusent de calomnier ou de critiquer à mauvais escient. Je trouve merveilleux le fait d'être entré dans cette Église qui se réunissait déjà depuis six ans, sans jamais avoir entendu parler de sa séparation d'avec l'ancienne Église. C'est deux ans plus tard seulement que je connus l'histoire. Ce modèle de comportement chrétien et de discours de la part des premiers responsables de l'Église a inculqué aux générations suivantes les attitudes et comportements justes, et elles les ont adoptés à leur tour.

2. CESSER DE SE JUGER LES UNS LES AUTRES

«La médisance et l'esprit de jugement sont des cousins proches», écrit Dan McCartney[5]. Voilà pourquoi Jacques interdit de dire du mal d'autrui et de le juger à tort :

> Ne parlez point mal les uns des autres, frères. Celui qui parle mal d'un frère, ou qui juge son frère, parle mal de la loi et juge la loi. Or, si tu juges la loi, tu n'es pas observateur de la loi, mais tu en es juge... mais toi, qui es-tu, qui juges le prochain? (Ja 4.11,12)

Dans ce sens, «juger», c'est condamner inutilement ou injustement un frère ou une sœur en jugeant ses motivations ou son apparence, ou avec une attitude fausse ou pour de mauvaises raisons. C'est prononcer un verdict qui n'est pas de notre ressort. Ce jugement illégitime se trouve à la racine de bien des conflits et des querelles intestines dans les assemblées chrétiennes. Jacques savait très bien que l'attitude de jugement impitoyable caractérisait le péché des pharisiens. Il ne voulait donc pas que cette attitude condamnatoire de propres justes se répande dans les premières communautés de croyants auxquelles il écrivait.

a. Ne pas juger comme les pharisiens

Les pharisiens étaient les premiers à chercher la petite bête et à critiquer autrui. Ils aimaient porter un jugement sur presque tout le monde. Et leurs jugements étaient spontanés, durs, négatifs et impitoyables. Ils s'y connaissaient à condamner les autres pour des délits mineurs de la loi mosaïque, alors que selon Jésus lui-même, ils laissaient «ce qui est plus important dans la loi» (Mt 23.23). C'était donc des juges hypocrites qui relevaient

---

5. Dan G. McCartney, *James*, BECNT, Grand Rapids, Baker, 2009, p. 220.

les moindres fautes chez les autres, alors qu'ils minimisaient ou ignoraient leurs propres péchés.

Dans l'un des passages les mieux connus du sermon sur la montagne, Jésus met ses disciples en garde contre l'esprit de jugement des pharisiens, un esprit très destructeur pour la famille de Dieu :

> Ne jugez point, afin que vous ne soyez point jugés... Pourquoi vois-tu la paille qui est dans l'œil de ton frère, et n'aperçois-tu pas la poutre qui est dans ton œil?... Hypocrite, ôte premièrement la poutre de ton œil, et alors tu verras comment ôter la paille de l'œil de ton frère (Mt 7.1,3,5).

Jésus nous interdit de mépriser et de condamner les autres en raison de leurs manquements alors que nous-mêmes commettons des péchés flagrants. *Il ne veut pas que ses disciples ressemblent aux pharisiens hypocrites qui, avec leur attitude de propres justes, étaient durs, critiques, impitoyables et et en même temps aveugles quant à leur propre condition de pécheurs.* L'enseignement de Jésus dans Matthieu 7 à propos de l'esprit de jugement est cependant généralement mal compris. Le refus systématique de porter un jugement qui caractérise notre société occidentale conduit à penser qu'il faut désapprouver tout jugement porté contre la doctrine, quelle qu'elle soit. N'oublions pas que le monde ne connaîtrait pas l'Évangile et que l'Église serait assimilée à la société sécularisée si les chrétiens n'avaient pas émis de jugement en ce qui concerne le bien et le mal, le laxisme moral et la doctrine.

Il est peut-être difficile de faire la distinction entre le bon jugement et le mauvais ; pour bien montrer la différence entre les deux, il suffit de lire 1 Corinthiens 4 et 5. En réponse au jugement que les Corinthiens portaient à tort sur son ministère et sur les progrès de l'Évangile, Paul déclare : « Ne jugez de rien avant le temps, jusqu'à ce que vienne le Seigneur, qui mettra en lumière ce qui est caché dans les ténèbres, et qui manifestera les desseins des cœurs» (1 Co 4.5). Les Corinthiens n'étaient pas en possession de tous les éléments liés aux motivations et aux succès de l'apôtre, si bien que dans cette situation ils ne pouvaient juger sainement et légitimement. Dans une situation différente, où ils auraient manifestement dû juger, Paul reproche aux Corinthiens de n'avoir pas réprimandé un des leurs qui adoptait un comportement sexuel immoral (1 Co 5.3,12,13).

Comme Jésus et Paul, Jacques ne proscrit pas le «juste jugement». Il condamne fermement tout comportement coupable et invite ses lecteurs à se repentir. Mais en même temps, il interdit la calomnie, le langage abusif et les paroles de jugement qui ne sont pas de notre compétence, à l'encontre d'un frère ou d'une sœur en Christ.

b. Ne pas se juger les uns les autres pour des questions contestables

Alors qu'il était en congé dans son pays, un missionnaire se trouva impliqué dans un débat au sujet de la liberté chrétienne. Une fraction de l'Église voulait qu'elle ne célèbre pas la fête de Noël à cause de son arrière-plan païen et parce que cette fête était devenue de plus en plus mondaine. L'autre fraction revendiquait la liberté de célébrer cette fête parce qu'elle n'avait plus de connotations païennes. Le missionnaire fut contraint de prendre position, ce qui incita le groupe opposé à le considérer comme un traître et un faux docteur qui n'était plus le bienvenu dans l'Église. Une personne particulièrement irritée ouvrit un site web sur lequel elle énuméra tous les prétendus péchés du missionnaire, ses manquements, ses croyances erronées, et conseilla aux gens de ne plus le soutenir financièrement.

Cette expérience n'est pas nouvelle. Dans l'Église de Rome, les premiers chrétiens d'origine juive et ceux d'origine païenne se querellaient au sujet du vin, des lois alimentaires et de l'observance des fêtes religieuses (Ro 14.1 – 15.13). Les chrétiens d'origine juive adoptaient une attitude inflexible de jugement à l'encontre des habitudes alimentaires et de certains aspects du style de vie de leurs frères et sœurs d'origine païenne. Paul estime que ces croyants juifs avaient une « foi faible » (Ro 14.1)[6]. Les chrétiens issus du paganisme n'agissaient pas mieux en méprisant les restrictions alimentaires et les jours sacrés de leurs frères juifs. Comme ils constituaient le groupe majoritaire, les chrétiens convertis du paganisme exerçaient une pression sur le groupe minoritaire pour qu'il se range à leur façon de penser. Paul les considère comme « forts » (Ro 15.1) parce qu'ils avaient compris les implications de l'Évangile de la grâce, à savoir la vie nouvelle dans l'Esprit et la liberté en Christ. Bien que d'accord avec les « forts » quant au fondement théologique concernant les aliments purs et les aliments impurs[7], *Paul s'oppose totalement à leur comportement dénué d'amour et à leur mépris de ceux qui avaient un point de vue différent du leur.*

> « Que le Dieu... vous donne d'avoir les mêmes sentiments les uns envers les autres... afin que tous ensemble, d'une seule bouche, vous glorifiiez le Dieu et Père de notre Seigneur Jésus-Christ. »
> Romains 15.5,6

---

6. Par « faible dans la foi », Paul indique que ces chrétiens ont une compréhension défectueuse des conséquences pratiques de l'Évangile de la grâce de Dieu qui vont en particulier à l'encontre de leurs traditions juives scrupuleuses à l'excès en matière de nourriture kasher et d'observance des jours sacrés.
7. Ro 14.14,20 ; 1 Co 8.8.

Les chrétiens continuent de discuter et de se séparer sur des sujets que Paul qualifie d'«opinions[8]». Celles-ci n'entrent pas dans le cadre des doctrines fondamentales et ne peuvent être assimilées à des manquements moraux comme le mensonge, le vol ou l'immoralité sexuelle. Il s'agit plutôt de problèmes de conscience et de convictions personnelles, comme l'observance du sabbat, la célébration de Noël, la consommation modérée d'alcool, la danse, lever les mains pendant les chants de louange, accrocher sur les murs des tableaux représentant Jésus, honorer les ancêtres, scolariser les enfants, la tenue vestimentaire et le style de coiffure, les types de distraction, le choix de loisirs, l'utilisation du pain levé ou non lors de la sainte Cène. Comme au Ier siècle, les chrétiens d'aujourd'hui affichent des attitudes arrogantes, dures et critiques envers ceux dont ils ne partagent pas les idées sur ces questions.

Il est toujours très facile de se quereller et de se diviser à propos de questions périphériques concernant le style de vie et les pratiques religieuses. C'est scandaleux que certains chrétiens ne puissent pas louer Dieu avec leurs frères et sœurs à cause de désaccords d'«opinions». Rappelons-nous que «le royaume de Dieu, ce n'est pas le manger et le boire mais la justice, la paix et la joie, par le Saint-Esprit… Ainsi donc, recherchons ce qui contribue à la paix et à l'édification» (Ro 14.17-19).

L'un des buts de la lettre de Paul aux Romains était de promouvoir l'unité entre les chrétiens d'origine juive et ceux d'origine païenne, malgré la différence de leur style de vie :

> Que le Dieu de la persévérance et de la consolation vous donne d'avoir les mêmes sentiments les uns

---

8. Il est difficile de savoir comment traduire exactement les deux derniers mots de Romains 14.1 du texte grec (*diakriseis dialogismôn*). La Bible du Semeur traduit par : «sans vous ériger en juges de ses opinions» et la NBS : «sans discrimination d'opinions». Le terme grec peut aussi avoir une connotation négative ; d'où la traduction possible : «scrupules».

envers les autres selon Jésus-Christ, afin que tous
ensemble, d'une seule bouche, vous glorifiiez
le Dieu et Père de notre Seigneur Jésus-Christ.
Accueillez-vous donc les uns les autres, comme
Christ vous a accueillis, pour la gloire de Dieu
(Ro 15.5-7).

*Quel témoignage rendu à la véracité et à la puissance
de l'Évangile si les chrétiens issus de la tradition juive
et ceux autrefois païens parvenaient à s'accepter
mutuellement et à adorer Dieu ensemble « d'une seule
voix »!* En ayant constitué deux groupes antagonistes dont
chacun condamnait l'autre pour des questions secondaires,
les chrétiens de Rome avaient violé le message évangélique
de la réconciliation. Si Dieu tenait à ce que les croyants
d'origine juive et ceux d'origine païenne s'acceptent
mutuellement et s'unissent pour célébrer Dieu malgré
leurs divergences historiques et culturelles, à combien plus
forte raison souhaite-t-il que les croyants d'aujourd'hui —
traditionalistes ou progressistes — mettent de côté leurs
différences mesquines et fassent de même! Nous avons
donc la liberté d'avoir des opinions différentes sur des
sujets secondaires, mais pas celle d'utiliser un langage
incendiaire, de dire du mal les uns des autres ou de diviser
la famille de Dieu.

3. CESSER DE MURMURER ET DE SE QUERELLER

Il a fallu six années de travail pour édifier le World Trade
Center de New York, mais 90 minutes seulement suffirent le
11 septembre 2001 pour le détruire. De même, une Église
locale dont l'implantation et l'édification ont nécessité toute
une vie peut se briser en quelques mois par un déluge de
plaintes et de querelles.

Les murmures et les plaintes incessantes ne
construisent et n'édifient pas la famille de Dieu. Comme

une maladie contagieuse, les murmures provoquent des conflits, des troubles et un mécontentement qui se propage dans toute l'Église au point que tous en sont atteints. J. A. Motyer déclare que «nulle part le cœur égocentrique de l'homme ne prend plus rapidement le contrôle par le mécanisme de la critique[9]». Et l'auteur poursuit en ajoutant que le mécontentement est associé «aux réclamations, à la critique partiale de sujets mineurs, à l'impatience devant l'incompréhension d'autrui, le refus délibéré d'être utile[10]».

Sachant les effets dommageables des murmures sur une assemblée chrétienne, Jacques écrit : «Ne vous plaignez pas les uns des autres, frères, afin que vous ne soyez pas jugés : voici, le juge est à la porte» (Ja 5.9). Comme Jacques, Paul aussi proscrit les plaintes et les contestations incessantes. Il exhorte les chrétiens à faire «toutes choses sans murmures ni hésitations» (Ph 2.14).

Les problèmes au sein de l'Église de Philippes avaient conduit à du mécontentement et à des récriminations des uns contre les autres et, très vraisemblablement, contre les responsables de l'Église. C'est pourquoi Paul avertit l'Église de Philippes de ne pas agir comme les Israélites qui se plaignaient de tout, du temps, de la nourriture, de l'eau, du désert, de la chaleur et de leurs leaders[11]. Leurs murmures n'étaient pas constructifs, et ils n'étaient pas justifiés. Par leurs murmures, les Israélites exprimaient leur incrédulité collective, leur ingratitude et leur révolte continuelle contre ceux auquel Dieu avait donné l'autorité de gouverner.

---

9. J. A. Motyer, *The Message of Philippians : Jesus our Joy*, BST, Downers Grove, Illinois, IVP, 1984, p. 131.

10. Ibid., p. 132.

11. Le terme grec traduit par «murmure», *gongysmos*, est au pluriel «murmures». Il est utilisé ici pour exprimer «les plaintes, les doléances, le mécontentement» (BDAG, 204). Voir aussi Actes 6.1 ; 1 Pierre 4.9. La forme verbale apparaît dans 1 Corinthiens 10.10 qui rappelle Nombres 14.1-38.

En plus des murmures, Paul dénonce les tergiversations, les discussions sans fin et les querelles[12]. Les contestations conduisent souvent aux disputes et aux querelles mesquines et puériles. Il semblerait que les Philippiens se soient laissé entraîner dans un cycle de murmures et de tergiversations ; il fallait donc que Paul intervienne pour que cette situation prenne fin.

De même que les murmures et les querelles au sein du peuple d'Israël faillirent détruire Moïse et signifier la fin du peuple, que ceux nés dans l'Église de Philippes menacèrent la survie de l'assemblée, *ces deux vices causent aujourd'hui un tort énorme aux responsables d'Églises et à leurs assemblées.* Une des fréquentes raisons pour lesquelles des pasteurs et autres ouvriers dans l'œuvre du Seigneur abandonnent leur ministère est leur incapacité à supporter plus longtemps les mesquineries et les luttes incessantes entre les membres. Si donc nous voulons nous préserver et préserver nos Églises de l'esprit égoïste des murmures et contestations, prenons le ferme engagement, par obéissance à la Parole de Dieu, de faire « toutes choses » sans murmures et sans disputes (*Ostervald*).

À la fin de sa lettre aux Philippiens, Paul met en avant plusieurs manières de surmonter les murmures et discussions coupables. Il évoque 1) la joie en tout temps et en toutes circonstances (Ph 4.4) ; 2) le support mutuel (v. 5) ; 3) la prière, la supplication et l'action de grâce (v. 6,7) ; 4) le contentement en toutes circonstances (v. 11,12) ; 5) l'orientation des pensées sur tout ce qui est bon et excellent (v. 8).

Si la joie, le support, le contentement en toutes circonstances et l'attention délibérée portée sur tout ce qui

---

12. *Dialogismos* peut se traduire par « dispute », « tergiversation », « contestation » (BDAG, 232) ou par « querelle ». Le contexte semble favoriser ce sens, même s'il correspond rarement au sens du mot grec. Le terme est au pluriel « querelles », « contestations ». Voir aussi 1 Timothée 2.8 et Luc 9.46 pour un usage semblable.

est bon et juste pouvaient caractériser tous ceux d'entre nous qui se considèrent comme chrétiens, combien l'état spirituel de nos Églises s'améliorerait! Nos assemblées feraient bien moins souvent face à des conflits.

4. COMMENT RÉPRIMANDER ET JUGER DE FAÇON CONSTRUCTIVE

Même si nous ne devons pas «parler mal les uns des autres» ni juger à tort, il y a cependant des cas où il est nécessaire et approprié de reprendre, de réprimander, de juger ou de porter un jugement critique justifié (pour souligner une faute). Refuser de le faire, c'est faillir envers ceux que nous aimons ou que nous devons guider[13]. Mais toutes les formes de réprimandes et de jugement doivent obéir aux principes bibliques qui aident au lieu de blesser. La Bible trace heureusement des lignes directrices pour pouvoir juger de façon constructive et efficace.

Avant de porter quelque jugement que ce soit, posons-nous la question : «Est-il vraiment nécessaire que je fasse une observation critique sur telle personne? Suis-je en position de critiquer?

a. Prier

Tout jugement et toute réprimande doivent être préparés dans la prière. Si vous comptez sur Dieu, soyez assuré qu'il désire vous dire comment parler et agir dans des situations difficiles. Il est écrit : «Si quelqu'un d'entre vous manque de sagesse, qu'il la demande à Dieu, qui donne à tous simplement et sans reproche, et elle lui sera donnée» (Ja 1.5). Par conséquent, avant de reprendre quelqu'un ou

---

13. *Exhorter* : Ac 20.31 ; Col 3.16 ; *corriger* : 2 Ti 2.24,25 ; 3.16 ; *réprimander* : Mc 8.33 ; Lu 9.55 ; 17.3 ; 2 Ti 4.2 ; Tit 1.9,13.

de le juger, priez pour avoir la sagesse, le courage et le tact. Demandez au Seigneur de préparer l'autre personne à accepter la correction. Selon les termes de Donald Carson, « Nous ferions tous preuve de plus de sagesse si nous nous décidions à ne jamais «coucher» quelqu'un sinon sur notre liste de prière[14]. » [Le texte anglais joue sur le sens du verbe *put down* qui peut signifier « coucher par K.O. » et « coucher un nom sur une liste ».]

b. Vérifier ses propres attitudes et motivations

Tout jugement et toute réprimande doivent procéder d'une attitude juste, et reposer sur de bonnes raisons. Critiquer dans une attitude orgueilleuse, vengeresse ou irritée blessera la personne visée et n'aura guère d'effets. Il faut aborder la personne coupable et lui faire des reproches avec une attitude d'humilité qui témoigne de la présence du fruit de l'Esprit et s'accompagne d'amour chrétien.

Par ailleurs, le jugement porté sur une personne doit viser son bien. Si on ne cherche qu'à la «punir», on transgresse les règles bibliques élémentaires en matière de comportement. C'est «dans une grande affliction, le cœur angoissé et avec beaucoup de larmes» que Paul écrivit sa lettre de reproches aux Corinthiens afin de leur faire connaître «l'amour extrême» qu'il avait pour eux (2 Co 2.4). Le jugement qu'il portait sur les Corinthiens et les reproches qu'il leur adressait procédaient d'un amour paternel profond pour eux, et pas du tout d'un besoin émotionnel de leur rendre la peine qu'ils lui avaient causée. Tout ce qu'il faisait pour eux visait leur «édification» (2 Co 12.19).

Avant de porter quelque jugement que ce soit, posons-nous la question : «Est-il vraiment nécessaire que je fasse une observation critique sur telle personne? Suis-je en

14. D. A. Carson, *A Call to Spiritual Reformation : Priorities from Paul and His Prayers*, Grand Rapids, Baker, 1992, p. 29.

position de critiquer? Suis-je tombé dans le travers du pinaillage et de la critique d'autrui? Mon jugement sur tel frère ou telle sœur enfreint-il les commandements de l'Écriture (Lé 19.16)?»

c. Parler de façon aimable

Le jugement et la réprimande doivent toujours s'accompagner de douceur, qui est un fruit de l'Esprit (Ga 5.23). D'ailleurs, le Nouveau Testament souligne l'importance de traiter les personnes et leurs problèmes avec douceur[15]. Être doux, c'est faire preuve de bonté, de tendresse, de grâce, de calme, et non de dureté ou d'esprit belliqueux. Les gens ne réagissent pas bien aux critiques dures et arrogantes, mais une remarque faite avec douceur rend la personne plus réceptive et désireuse d'envisager un changement d'esprit et de cœur.

d. Compenser les paroles critiques par des paroles d'encouragement

Si la critique ou la réprimande s'imposent, veillez attentivement aux paroles que vous prononcez. Ne vous y trompez pas, «La mort et la vie sont au pouvoir de la langue» (Pr 18.21). Rappelez-vous que «Tel, qui parle légèrement, blesse comme un glaive ; mais la langue des sages apporte la guérison» (Pr 12.18). Des propos durs ou excessifs indisposent les gens et les empêchent d'accepter la correction ; en revanche, des paroles bien choisies calment ceux qui ont besoin d'être repris.

Les gens sont enclins à bien réagir à ceux qui les encouragent sur le chemin de la vie. Comme Spurgeon le fait remarquer : «Le reproche a plus d'effet quand il suit un éloge.» Il est donc utile de compenser la critique

---

15. 1 Co 4.21 ; 2 Co 10.1 ; Ga 6.1 ; Ép 4.2 ; 1 Th 2.7 ; 1 Ti 3.3 ; 6.11 ; 2 Ti 2.25 ; Tit 3.2 ; Ja 3.17 ; 1 Pi 3.4,16.

et la réprimande par des paroles d'encouragement, de consolation, de valorisation, de louange et d'espérance.

Conformément à ce principe, Jésus fait souvent l'éloge de ses destinataires avant de les reprendre dans ses lettres aux Églises de l'Apocalypse[16]. Paul fait de même dans ses épîtres. Après les sévères remontrances aux Corinthiens et le rétablissement du membre rebelle, l'apôtre assure les croyants de Corinthe qu'il les savait capables de bien réagir : «J'ai une grande confiance en vous, j'ai tout sujet de me glorifier de vous ; je suis rempli de consolation, je suis comblé de joie au milieu de toutes nos afflictions... Je me réjouis de pouvoir en toutes choses me confier en vous» (2 Co 7.4,16).

e. Se servir de l'Écriture pour instruire

L'Écriture fournit tout ce qui est nécessaire pour avertir, corriger et reprendre. Paul dit à Timothée que «toute Écriture est inspirée de Dieu, et utile pour... convaincre, corriger...» (2 Ti 3.16). Plus nous croissons dans notre connaissance de l'Écriture, mieux nous serons capables de reprendre et d'exhorter «avec toute douceur et en instruisant» (2 Ti 4.2). L'Écriture nous équipera personnellement pour la tâche de discipliner au même titre qu'elle nous équipe pour «toute bonne œuvre» (2 Ti 3.17).

f. Accepter la critique

Les gens avisés savent qu'ils peuvent être mal informés et se tromper ; ils acceptent donc les critiques et les corrections constructives. Le livre des Proverbes le rappelle à plusieurs reprises : «Reprends le sage, et il t'aimera. Donne au sage, et il deviendra plus sage ; instruis le juste, et il augmentera son savoir» (Pr 9.8,9[17]).

---

16. Ap 2.1 – 3.22.
17. Voir aussi Pr 12.15 ; 13.10 ; 15.31 ; 17.10 ; 19.25 ; 25.12.

Malheureusement, la plupart d'entre nous acceptent difficilement les critiques et les reproches. À cause de notre orgueil pervers, nous nous mettons sur la défensive et sommes hypersensibles à la critique, même à la critique fondée et constructive. Or, nous ne pouvons nous améliorer et atteindre la ressemblance de Christ sans que les autres nous corrigent. En confirmation de ce principe, un leader chrétien me dit un jour : «Mes critiques ont aussi été mes meilleurs maîtres.»

Si nous devons critiquer ou reprendre les autres, il est important également que nous aussi, nous acceptions les réprimandes et les critiques. Le psalmiste David exprime admirablement l'attitude d'humilité et de sagesse avec laquelle nous devons accepter la correction : «Que le juste me frappe, c'est une faveur ; qu'il me châtie, c'est de l'huile sur ma tête : ma tête ne se détournera pas» (Ps 141.5).

Ne nous jugeons donc plus les uns les autres.
Romains 14.13

Principes clés à garder en mémoire

1. Dans un conflit, empêchez votre langue de dire du mal d'autrui et d'être exagérément critique.

2. Gardez-vous de prononcer des jugements durs, inutiles, ou à la manière des propres justes.

3. Gardez-vous des murmures coupables et des querelles mesquines.

4. Jugez et réprimandez conformément aux directives bibliques.

7

Rechercher la réconciliation

Si ton frère a péché, va et reprends-le entre toi et lui seul. S'il t'écoute, tu as gagné ton frère.
Matthieu 18.15

Quand des croyants pèchent les uns contre les autres, ils provoquent des conflits et des brouilles. Que faut-il faire lorsque cela se produit? Quitter l'Église et se joindre à une autre? Se précipiter sur le téléphone et dire à tout le monde à quel point nous avons été maltraités? Recruter amis et parents pour attaquer la personne qui nous a fait du mal? Nourrir de la rancune contre elle pour les vingt années à venir? Payer le meilleur avocat et poursuivre le coupable en justice pour obtenir le meilleur dédommagement possible?

Rien de tout cela.

Sachant que ses disciples pécheraient les uns contre les autres et que les relations brisées auraient besoin d'être rétablies, Jésus a laissé des instructions précises pour gérer correctement les offenses personnelles. Que nous ayons péché contre quelqu'un ou que celui-ci ait péché contre nous, nous ne devons ni partir et nous cacher, ni nous venger. Prenons au contraire l'initiative pour réparer la relation brisée.

1. ALLER TROUVER LE FRÈRE QUE L'ON A OFFENSÉ

Si vous savez qu'un frère ou une sœur en Christ ont des griefs légitimes contre vous et sont en colère, vous devez aller les trouver et vous réconcilier avec eux. Pour dissiper tout malentendu à ce sujet, Jésus déclare que si vous vous souvenez qu'une personne a quelque chose contre vous, vous devez mettre les choses au clair immédiatement. Même si vous êtes sur le point d'accomplir l'acte le plus solennel, comme offrir un sacrifice à Dieu dans le temple de Jérusalem, vous devez laisser votre sacrifice sur l'autel et régler le problème relationnel avec la personne en cause :

> Si donc tu présentes ton offrande à l'autel, et que là tu te souviennes que ton frère a quelque chose contre toi, laisse là ton offrande devant l'autel, et va d'abord te réconcilier avec ton frère ; puis, viens présenter ton offrande (Mt 5.23,24).

Dans son commentaire, Leon Morris montre la place importante qu'occupe la réconciliation dans l'enseignement de Jésus :

> L'interruption d'un acte aussi solennel souligne l'importance primordiale de la réconciliation... L'homme doit prendre toute initiative nécessaire pour rétablir l'harmonie ; c'est seulement une fois cette démarche accomplie qu'il peut retourner à ses obligations et achever son sacrifice[1].

Il saute clairement aux yeux que Dieu n'accepte pas le culte d'une personne qui n'est pas réconciliée avec un frère ou une sœur en Christ.

John MacArthur déclare que « la réconciliation doit précéder le culte[2] », mais ce principe est rarement observé.

---

1. Leon Morris, *The Gospel according to Matthew*, PNTC, Grand Rapids, Eerdmans, 1992, p. 116.
2. John MacArthur, *Tne MacArthur New Testament Commentary*, *Matthew 1-7*, Chicago, Illinois, Moody, 1985, p. 296.

Prenons l'exemple du conflit qui opposait Guy et Serge, deux hommes d'affaires chrétiens qui fréquentaient la même Église. Guy, un homme d'affaires influent dans la société, demande à Serge, un entrepreneur en construction, de poser les fondations et de construire une nouvelle maison. Une fois les travaux achevés, l'entreprise de Serge envoie la facture correspondante à Guy. Après avoir attendu en vain le paiement pendant des mois, Serge téléphone à Guy. Celui-ci, absent, ne le rappelle pas. Or, la société de Serge est en difficulté financière et a besoin de cet argent pour payer ses ouvriers. Finalement, Guy explique à Serge qu'il n'est pas en mesure de régler la facture des travaux, car lui aussi connaît des difficultés de trésorerie.

Quelques semaines plus tard, Serge découvre fortuitement que Guy possède de l'argent sur ses économies personnelles et ses investissements, mais qu'il ne veut pas puiser dans ces fonds. Lorsque Serge fait part de sa découverte à Guy, celui-ci est vexé. Il exige de Serge qu'il lui explique comment il a été informé de sa situation financière et refuse de payer, estimant que Serge a mis le nez dans ses affaires personnelles.

> **Le but de cette entrevue privée est de mettre la faute en lumière en vue de sauver, non en vue de détruire.**

À l'Église, Guy chante dans la chorale et participe à l'étude biblique pour hommes, mais il ignore complètement Serge. Il affirme que celui-ci a fait une entorse à la morale et que leur différend commercial est dû à la situation économique. Il semble ne pas être concerné par les instructions du Maître concernant les relations brisées (Mt 5.23,24) et ne pas se rendre compte de sa responsabilité de faire le premier pas et d'aller trouver Serge qu'il a offensé en refusant de payer la facture des travaux réalisés. Guy ne semble pas non plus avoir conscience que son culte rendu a Dieu a peu de valeur à cause de son péché non confessé et de son conflit non résolu avec Serge.

2. VA TROUVER LE FRÈRE *QUI A PÉCHÉ CONTRE TOI*

Mais qu'en est-il de Serge ? Comme tout autre croyant, que doit-il faire lorsqu'un autre croyant pèche contre lui ? Et nous-mêmes, que devons-nous faire quand un frère ou une sœur dans la foi pèche contre nous ? La réponse se trouve dans l'instruction que le Seigneur donne dans Matthieu 18.15-17 :

> Si ton frère a péché, va et reprends-le entre toi et lui seul. S'il t'écoute, tu as gagné ton frère. Mais, s'il ne t'écoute pas, prends avec toi une ou deux personnes, afin que toute l'affaire se règle sur la déclaration de deux ou de trois témoins. S'il refuse de les écouter, dis-le à l'Église ; et s'il refuse aussi d'écouter l'Église, qu'il soit pour toi comme un païen et un publicain.

Bien que ce passage à propos du péché et de la réconciliation soit bien connu, il est rarement mis en pratique.

a. Une rencontre entre deux frères

Si un frère a péché «contre toi[3]» (*NBS*) ou «à ton égard» (*Semeur*), tu dois rechercher la réconciliation sans attendre que l'offenseur vienne te trouver. C'est à toi d'aller vers lui et de le reprendre[4] ou le convaincre de sa faute (*Semeur*)

---

3. Certains manuscrits grecs omettent les mots «contre toi». Certaines versions françaises de la Bible les mettent entre crochets ou indiquent l'omission en note de bas de page. Mais cela ne change pas le sens. Même si l'expression ne figure pas dans le texte, l'instruction s'applique également au frère qui pèche contre son frère. Voir Matthieu 18.21 et Luc 17.3-4.

4. «Reprends-le» traduit le verbe grec *elegcho*. R. T. France le commente ainsi : «Il n'est pas facile de saisir toute la force de *elegcho* dans un seul terme. Le verbe grec contient l'idée de réprimander, de mettre la faute en lumière, de tenter d'amener le coupable à reconnaître qu'il a tort et

pour «tenter de faire voir à l'offenseur son péché pour ce qu'il est[5]». Mais notez bien que le problème est le «péché» et non une contrariété, une plainte mesquine, ou une antipathie pour la manière dont le frère se présente. D'après le passage biblique, le croyant offensé doit aller trouver son frère coupable en vue d'un tête-à-tête avec lui. Le but de cette entrevue privée est de mettre la faute en lumière en vue de sauver, non en vue de détruire. En organisant cette première entrevue sans témoin, le croyant coupable est plus facilement gagné et s'évite l'humiliation devant une tierce personne. Du même coup, l'Église est dispensée de s'impliquer dans le conflit, ce qui contribue à maintenir la paix et l'unité. (Songez au lieu désagréable que deviendrait l'Église si toutes les offenses entre frères et sœurs devenaient publiques!)

En violation directe de l'enseignement de Jésus sur la rencontre privée entre les deux intéressés, certains chrétiens exposent leurs griefs sur Internet — en se servant des réseaux sociaux, des blogues, des espaces de chat et même des mails. Rien de tout cela ne remplace une rencontre privée où chacun peut voir le visage de l'autre, entendre sa voix et voir les subtilités du langage cor

Jésus fait porter la responsabilité de la gestion des offenses personnelles sur chaque individu.

porel — tout ce qui est du domaine de la présence personnelle. Le tête-à-tête améliore la communication, et l'offenseur n'apparaît pas comme aussi mauvais qu'il pourrait sembler dans les excès du cyberespace.

Si à la suite de la rencontre privée, le frère qui a péché prend conscience de sa faute et s'en repent, «tu as gagné ton

---

de le corriger», *Gospel of Matthew*, NICNT, Grand Rapids, Eerdmans, 2007, p. 689.
5. Morris, *The Gospel according to Matthew*, p. 467.

frère», déclare Jésus. Une victoire vient d'être remportée! Un frère est restauré, le péché a été traité comme il se doit, des frères sont réconciliés, Satan est vaincu, l'unité de l'Église est préservée et Dieu est honoré.

Il est impossible de saisir la sève de ce passage tant que nous n'avons pas compris la théologie de la fraternité chrétienne[6]. En tant que croyants en Christ, nous faisons partie de la famille de Dieu et sommes de *vrais* frères et sœurs. Nous avons le même Père céleste et le même Frère aîné, le Seigneur Jésus-Christ (Ro 8.29). Nous partageons la même «vie» donnée par le Saint-Esprit. Cette relation familiale éternelle est plus forte que tout autre lien du sang.

C'est pourquoi *Jésus fait porter la responsabilité de la gestion des offenses personnelles sur les membres individuels de la communauté ecclésiale plutôt que sur les dirigeants de l'Église.* Les croyants sont des frères et des sœurs en Christ ; à ce titre, ils ont le devoir et le droit de se parler des offenses dans le but de rétablir les relations familiales qui ont été brisées par le péché. Dans le cas hypothétique de Serge et Guy, le premier doit demander au second une entrevue privée selon Matthieu 18 pour aborder la question du non-paiement des travaux effectués, et rétablir l'unité de leur relation en Christ.

Serge et Guy se rencontrent, mais l'entrevue ne se déroule pas bien. Guy se focalise sur le fait que Serge a eu connaissance de sa situation financière, ce qu'il considère comme contraire à la morale. Il accuse Serge d'avoir colporté des bruits et d'avoir péché contre lui en ayant fait part à d'autres gens de leur différend financier. De son côté, Serge insiste sur le fait que Guy a péché contre lui en refusant de régler la facture alors qu'il avait les fonds

---

6. Hé 2.10-12,14,17 ; 13.1 ; 1 Pi 2.17. Le terme «frère» (qui inclut également la «sœur») revient environ 250 fois dans le Nouveau Testament. La réalité de cette forte communauté familiale imprègne tout le Nouveau Testament.

nécessaires. Les deux hommes sortent irrités et frustrés de leur entrevue. Pour Guy, le problème est réglé : inutile d'aller plus loin. Que doit faire Serge ?

b. Une entrevue en présence de témoins

À ce stade, plusieurs personnes se trouvant dans la position de Serge abandonneraient la partie et décideraient de couper toute relation avec l'offenseur. Mais cette solution n'est pas acceptable dans la famille de Dieu. Il faut extirper le péché et rétablir les relations au sein de la famille spirituelle. C'est pourquoi Jésus enseigne que si le frère qui a péché contre vous et avec qui vous avez eu une entrevue privée refuse de vous écouter, vous devez prendre une nouvelle mesure (Mt 18.15,16).

La deuxième étape consiste à aller de nouveau trouver l'offenseur, mais accompagné cette fois-ci d'un ou de deux croyants comme témoins et médiateurs. Jésus s'inspire d'un texte de l'Ancien Testament «afin que toute l'affaire se règle sur la déclaration de deux ou de trois témoins» (Mt 18.16[7]). Le but de cette petite délégation est de limiter la connaissance du problème à un cercle restreint de gens.

Que les personnes associées à l'entrevue soient témoins oculaires de l'offense ou non (elles ne le sont probablement pas), elles servent de témoins aux accusations portées par le croyant offensé et aux réactions de l'offenseur. Ces témoins ne sont pas des observateurs passifs. Dans un effort pour gagner le membre qui a fait fausse route, ils appuient les arguments du frère blessé et font leur possible pour aider le frère coupable à écouter et à se repentir. Ils agissent comme des médiateurs qui apportent et offrent conseil, avertissement et répréhension. Ils sont là au service de la justice et de l'équité pour les deux individus.

---

7. Voir aussi De 19.15 ; No 35.30 ; 2 Co 13.1 ; 1 Ti 5.19.

Dans le cas de Guy et de Serge, ce dernier demande à un autre homme d'affaires de l'Église et à l'un des anciens de l'accompagner pour aborder son différend avec Guy. Lors de cette deuxième entrevue, Serge réitère à Guy son accusation de péché en ne lui payant pas le montant des travaux réalisés et en refusant d'élaborer avec lui un échéancier de paiement. Guy lui répond en l'accusant d'être un geignard qui refuse d'admettre le fait que dans les affaires, il arrive à chacun de perdre de l'argent. Il lui reproche en outre son rapportage pervers et ajoute que les travaux réalisés sont de qualité médiocre. Devant cette fausse accusation, Serge s'emporte.

Les deux témoins écoutent attentivement sans mot dire. Puis ils prennent la parole. Ils sont tous deux d'accord que Guy a péché contre Serge en ne lui payant pas son dû et qu'il a tort de chercher à se justifier en accusant Serge d'une faute professionnelle. Ils insistent sur le fait que les employés de Serge souffrent du refus de Guy de payer ce qu'il lui doit. Ils reprochent à Guy de vouloir faire retomber la faute sur Serge et suggèrent au premier de rédiger un échéancier pour régler la facture de Serge le plus rapidement possible.

Guy refuse, arguant que son entreprise ne peut pas honorer la facture des travaux accomplis. Il se fait même agressif et déclare que les trois hommes l'ont profondément blessé. Il menace de faire appel à un avocat et d'engager des poursuites pour calomnie et souffrances émotionnelles s'ils continuent de l'accuser ainsi.

c. Une entrevue publique en présence de l'Église

L'étape suivante dans le règlement d'un différend avec un frère ou une sœur qui refusent de se repentir consiste à présenter l'affaire devant l'Église, selon les instructions de Jésus. Au cours de cette réunion, les témoins et le frère lésé doivent expliquer à l'Église les détails de la situation. Les membres de l'assemblée locale invitent alors le frère coupable à se repentir.

Si, au terme d'une période définie, le frère offenseur n'écoute pas ses frères et sœurs de l'Église et persiste opiniâtrement dans son péché, une dernière mesure s'impose. Le coupable doit être traité « comme un païen et un publicain ». Les termes « païen » et « publicain » sont utilisés ici dans un sens conventionnel négatif, celui dont les Juifs se servaient au temps de Jésus. Les païens et les publicains ou collecteurs d'impôts étaient exclus de la vie sociale des Juifs pieux.

Il y a des limites à ce que la famille ecclésiale peut tolérer en matière de rébellion entêtée et de péché de la part d'un de ses membres. Lorsqu'un membre refuse de se repentir et persiste dans son péché, la communion est de fait rompue avec lui et il doit être exclu de l'Église. Cette sévère mesure disciplinaire est là pour protéger l'Église locale de la corruption morale et spirituelle. Elle vise aussi à faire prendre conscience au coupable de la gravité de son péché pour que « l'esprit soit sauvé au jour du Seigneur Jésus » (1 Co 5.5).

Tel est le raisonnement qui sous-tend le reproche de Paul à l'Église de Corinthe pour son laxisme devant les péchés flagrants du membre qui pratique une relation sexuelle illicite. Revêtu de la pleine autorité apostolique que Christ lui a conférée, Paul indique exactement ce que l'Église doit faire :

> Maintenant, ce que je vous ai écrit, c'est *de ne pas avoir des relations* avec quelqu'un qui, se nommant frère, est débauché, ou cupide, ou idolâtre, ou outrageux, ou ivrogne, ou ravisseur, *de ne pas même manger avec un tel homme.*
> Qu'ai-je, en effet, à juger ceux du dehors ? N'est-ce

pas ceux du dedans que vous avez à juger ? Pour ceux du dehors, Dieu les juge. *Otez le méchant du milieu de vous* (1 Co 5.11-13 ; italiques pour souligner).

Voyant que Guy s'obstine davantage après la deuxième confrontation, Serge engage la démarche suivante. Pour cela il lui faut du courage et de l'obéissance, car il sait que Guy se déchaînera contre lui au lieu de céder. Les deux témoins l'accompagnent pour rendre compte aux responsables de l'Église des suites de sa deuxième entrevue avec Guy et les informer de sa réaction furieuse. Tous sont d'accord que l'affaire doit être portée devant l'Église puisque le coupable refuse de reconnaître son péché.

Un des anciens téléphone à Guy pour lui dire que l'Église sera convoquée le dimanche soir pour être informée de sa déloyauté dans ses relations professionnelles avec Serge et de son attitude rebelle. Il le supplie de changer d'attitude et de corriger son comportement. Mais Guy se fait violent dans ses propos. Il affirme que sa famille et ses amis seront présents lors de cette réunion de membres et qu'ils le défendront. Il profère à nouveau des menaces de faire appel à un avocat si l'Église porte des accusations contre lui et promet de se venger contre l'Église si elle l'exclut.

Malgré le risque de voir l'Église poursuivie en justice devant un tribunal, les anciens décident de se conformer aux instructions du Seigneur dans Matthieu 18. Ils annoncent que l'Église sera convoquée pour examiner un cas de discipline et encouragent tous les membres à être présents. Après avoir recommandé la rencontre au Seigneur par la prière, les anciens donnent le ton de la réunion en lisant à haute voix Matthieu 18 et d'autres extraits de l'Écriture qui traitent du comportement et des attitudes qui conviennent au chrétien, à l'imitation de Christ. Ils insistent sur le fait que l'Église est «le temple de Dieu et que l'Esprit de Dieu habite» en elle (1 Co 3.16). Ils rappellent aux membres de l'assemblée qu'ils forment un peuple saint et qu'à ce titre, ils doivent se conduire d'une manière sainte (1 Pi 1.15,16). Après quelques prières et exhortations concernant le comportement et le discours appropriés, Serge et les deux témoins exposent le cas à l'Église. Questions et commentaires suivent. Au fur et à mesure que la soirée avance, il apparaît clairement que Guy a tort de ne pas payer la facture que Serge lui a présentée et que son attitude et son comportement à l'égard de ses frères sont coupables. Guy ne dit rien, mais certains de ses enfants prennent sa défense, en reprenant ses raisons et son autojustification.

L'Église s'accorde deux semaines pour inviter Guy à se repentir de son péché. Pendant cette période, Guy reçoit de nombreuses communications téléphoniques et des lettres témoignant du souci des membres qui le supplient de renoncer à son entêtement coupable. Des hommes d'affaires de l'Église l'invitent même à déjeuner pour tenter de le raisonner, mais Guy a déjà fait appel à un avocat et lancé des poursuites contre Serge et l'Église pour diffamation et harcèlement.

Guy est invité à la réunion suivante. Il n'y vient pas, mais ses amis et parents y assistent. Lors de cette réunion, les anciens lisent Matthieu 18 et 1 Corinthiens 5. L'Église est obligée de constater que Guy est «outrageux», «ravisseur», «cupide» (1 Co 5.11-13), qu'il doit être exclu de la communauté. Les anciens laissent le temps pour des questions concernant ce que cette exclusion signifie pratiquement.

Dans la semaine qui suit, Guy reçoit une lettre ainsi que la visite de quelques anciens pour l'informer qu'il a été exclu de l'assemblée, mais qu'il serait de nouveau reçu à bras ouverts et avec joie dès qu'il se repentira. Entre-temps, l'assemblée coupera tout lien social avec lui et il ne sera pas le bienvenu à l'Église. Ils lui disent aussi qu'ils lui téléphoneront pour savoir s'il est désireux de rencontrer certains anciens pour prier et étudier la Parole de Dieu en vue de sa pleine réintégration dans l'Église. Il leur répond : « Je vous fixe rendez-vous au tribunal. »

d. Le refus de la discipline ecclésiastique

De nombreux chrétiens ne veulent pas suivre la procédure biblique pour faire face à un pécheur qui ne se repent pas de son péché et rechercher la réconciliation dans le corps de Christ. Ils refusent d'exercer la discipline publique et communautaire à l'égard d'un membre impénitent — alors que Jésus le leur commande — parce qu'ils estiment que cette mesure est trop « sévère » ou « manque d'amour ». Ces mêmes chrétiens n'accepteront peut-être pas d'adresser la parole à un frère ou une sœur qui ont blessé leurs sentiments, ni d'avoir affaire avec eux. Ils garderont rancune à la personne qui leur a fait du mal, et auront même de la haine pour elle, toutes choses que Jésus interdit. Ces chrétiens-là sont coupables d'hypocrisie.

> « Le jugement prononcé par l'Église est l'instrument de l'amour de Dieu ; dès lors que l'âme pécheresse l'accepte, il commence à agir comme une force rédemptrice. »
> – James Denny

La dernière étape de la discipline ecclésiastique est particulièrement déplaisante, notamment parce que des sectes et des responsables extrémistes ont abusé de ce texte pour châtier des personnes de qualité avec lesquelles ils étaient en désaccord. Des gens peuvent penser que l'excommunication est cruelle et dénuée d'amour, mais cette idée traduit la pensée de notre époque, non celle de Dieu. D'ailleurs, tous les compartiments de la société — l'application de la loi, le domaine militaire, juridique, politique et syndical — ont un code disciplinaire imposé à leurs membres pour se protéger des comportements contraires à leurs lois et défendre leur intégrité.

Il faut toujours réagir au péché, qu'il soit personnel ou communautaire, sinon il se répand comme du levain et corrompt tout ce qu'il touche[8]. En conséquence, pour préserver la pureté morale de l'Église, Dieu exige l'application de la discipline ecclésiastique. Dans le but de restaurer le pécheur rebelle et impénitent, Dieu ordonne son exclusion de l'assemblée. Comme l'écrit James Denny : « Le jugement prononcé par l'Église est l'instrument de l'amour de Dieu ; dès lors que l'âme pécheresse l'accepte, il commence à agir comme une force rédemptrice[9]. »

Le Saint-Esprit amène toujours les croyants à se soumettre aux paroles de Christ. La mise en pratique de Matthieu 5 et 18 montre ce qu'implique la marche par l'Esprit dans la vie pratique de l'Église (Ga 6.1). Quand nous refusons de régler le problème du péché et des relations brisées, la situation ne fait qu'empirer. De plus, en refusant de faire face au péché et au membre rebelle et impénitent, nous suivons ouvertement la voie de la désobéissance aux commandements du Seigneur. L'Évangile selon Matthieu se termine par l'ordre missionnaire (Mt 28.19,20) dans lequel figure l'ordre *d'enseigner aux nouveaux disciples tout ce que le Seigneur a commandé.* Cela inclut Matthieu 5 et 18. Ne pas enseigner ni mettre en pratique ces chapitres, c'est désobéir aux instructions de Christ.

---

8. Derek Kidner, un spécialiste de l'Ancien Testament, fait cette remarque pertinente : « Ce dont une institution a parfois besoin, ce n'est pas de réformes, mais d'expulser un membre ; voir Matthieu 18.17 », *Le livre des Proverbes*, Commentaire Sator, 1986.
9. James Denny, *The Second Epistle to the Corinthians*, The Expositor's Bible, New York, Funk & Wagnalls, 1900, p. 75.

3. Y ALLER DANS UN BON ESPRIT

Lorsqu'un chrétien a péché contre nous, l'esprit d'égoïsme et d'orgueil nous dit : « Que ce chrétien vienne me trouver ! Qu'il s'humilie devant moi et implore mon pardon ! C'est *son* problème, pas le mien. » Mais l'amour est patient (1 Co 13.4). Il recherche le bien de l'autre, même s'il est dans son tort. Il cherche à gagner le frère égaré, et non à l'écraser.

Le Nouveau Testament insiste sur la bonté dans les relations avec autrui[10] ; lorsque nous traitons le péché d'un frère ou d'une sœur, nous devons faire preuve de bonté, pas de dureté ou d'arrogance. Ainsi, c'est « par la douceur et la bonté de Christ » que Paul s'adresse aux Corinthiens égarés (2 Co 10.1). Aux Galates, il écrit : « Frères, si un homme vient à être surpris en faute, vous qui êtes spirituels, redressez-le avec un esprit de douceur » (Ga 6.1).

Par conséquent, lorsque nous allons au-devant d'un frère offenseur ou offensé, nous nous conduirons d'une manière propre à le gagner plutôt qu'à le repousser. Les actions motivées par l'amour, la bonté et le pardon tendent à rétablir et consolider une relation au lieu de l'affaiblir et de la rompre. Si les principes d'amour, de bonté et de pardon dictent nos actions et nos attitudes lors d'une confrontation avec un frère ou une sœur dans la foi, nous augmentons considérablement les chances d'une issue favorable.

Une des raisons pour lesquelles les gens évitent souvent de faire face au péché est le refus d'être assimilés à ceux qui font du tort par une confrontation musclée et sous le coup de la colère. Or, point n'est besoin que la confrontation soit désagréable ou blessante.

Lorsque la confrontation s'opère dans la puissance du Saint-Esprit, avec bonté et tact, elle peut se révéler purificatoire et salutaire. Quand nous cherchons à réparer

10. Voir aussi 1 Co 4.21 ; 2 Co 10.1 ; Ép 4.1,2 ; 1 Th 2.7 ; 1 Ti 3.3 ; 6.11 ; 2 Ti 2.24,25 ; Tit 3.2 ; Hé 5.2 ; Ja 3.17 ; 1 Pi 3.15,16.

les relations brisées dans le corps de Christ, nous devons être prêts à accorder un pardon gratuit. Le pardon est une vertu chrétienne primordiale qui reflète le cœur de l'Évangile[11]. Le Nouveau Testament indique clairement ce que doit être le pardon qui répond aux normes divines :

- Pardonne-nous nos offenses, comme nous aussi nous pardonnons à ceux qui nous ont offensés... Si vous pardonnez aux hommes leurs offenses, votre Père céleste vous pardonnera aussi ; mais si vous ne pardonnez pas aux hommes, votre Père ne vous pardonnera pas non plus vos offenses (Mt 6.12,14,15).

- Et, lorsque vous êtes debout faisant votre prière, si vous avez quelque chose contre quelqu'un, pardonnez, afin que votre Père qui est dans les cieux vous pardonne aussi vos offenses (Mc 11.25).

- Prenez garde à vous-mêmes. Si ton frère a péché, reprends-le ; et, s'il se repent, pardonne-lui. Et s'il a péché contre toi sept fois dans un jour et que sept fois il revienne à toi, disant, je me repens, tu lui pardonneras (Luc 17.3,4).

- ... vous pardonnant réciproquement, comme Dieu vous a pardonné en Christ (Ép 4.32).

- Supportez-vous les uns les autres, et, si l'un a sujet de se plaindre de l'autre, pardonnez-vous réciproquement. De même que Christ vous a pardonné, pardonnez-vous aussi (Col 3.13).

- ... en sorte que vous devez bien plutôt lui pardonner et le consoler, de peur qu'il ne soit

---

11. Mt 6.12-15 ; Lu 17.3,4 ; Ép 4.32 ; Col 3.13 ; 2 Co 2.7,10.

accablé par une tristesse excessive [un frère coupable qui s'est repenti après avoir été corrigé] (2 Co 2.7).

Notre Père céleste nous a pardonné à chacun la dette que nous n'aurions jamais pu acquitter. Comment pourrions-nous alors refuser de pardonner à un frère dans la foi qui pèche contre nous ? Le refus de pardonner est un péché très grave aux conséquences terribles. En conclusion de sa parabole du serviteur impitoyable, Jésus donne un avertissement solennel : « C'est ainsi que mon Père céleste vous traitera, si chacun de vous ne pardonne à son frère de tout son cœur » (Mt 18.35).

Sans pardon, il est impossible d'oublier un conflit et de vivre en harmonie. Nous devons donc être prêts à pardonner généreusement et sans cesse à ceux qui se sont repentis d'avoir péché contre nous[12]. Et s'il nous arrive d'offenser un membre du corps de Christ, confessons notre péché et demandons pardon.

> **« Que chacun de vous parle selon la vérité à son prochain ; car nous sommes membres les uns des autres. »**
> **Éphésiens 4.25**

Si nous faisons preuve d'un esprit d'amour, de bonté et de pardon dans notre approche des péchés et des offenses de nos frères et sœurs dans la foi, nous favorisons grandement leurs réactions positives. Dans le cas de Guy et de Serge, ce dernier était constamment plein de grâce. Il demandait au Seigneur de l'aider à agir dans l'amour et à manifester le fruit de l'Esprit. Lorsqu'il avait demandé à son frère dans la foi le paiement des travaux effectués, il s'était approché

---

12. Pour aider à mieux comprendre certaines des questions difficiles concernant le pardon, voir *Unpacking Forgiveness : Biblical Answers for Complex Questions and Deep Wounds,* de Chris Brauns, Wheaton, Illinois, Crossway, 2008. Voir également en français *Le pardon et l'oubli,* de Jacques Buchhold, Éditions Excelsis.

de lui dans un esprit de bonté et de compréhension. Les témoins qui l'avaient ensuite accompagné dans sa démarche avaient également fait preuve de bonté, mais aussi de fermeté. La mesure disciplinaire à l'encontre de Guy avait été prise avec amour et vérité. Les membres de l'assemblée s'étaient montrés sincèrement soucieux de Guy. Ils étaient prêts à pardonner et à le réadmettre dans leur assemblée s'il se repentait.

4. DIRE LA VÉRITÉ AVEC AMOUR ET COURAGE

Lorsque nous devenons un être nouveau en Christ, nous renonçons «au mensonge», même aux mensonges pieux, à la tromperie, aux demi-vérités. De plus, nous devenons «membres les uns des autres» dans le corps de Christ (Ép 4.25). L'Église locale est donc la communauté dans laquelle les gens se disent la vérité les uns aux autres : «Que chacun de vous parle selon la vérité à son prochain ; car nous sommes membres les uns des autres» (Ép 4.25). Le mensonge entre chrétiens sape les fondements de leur identité même en Christ et de leurs relations mutuelles uniques, initiées par l'Esprit.

Les instructions de Christ dans Matthieu 5 et 18 rappellent que nous devons dire la vérité dans l'amour et avec courage. Bien que le fait de dire la vérité puisse créer un conflit à court terme, il est préférable de le faire pour la santé et l'unité futures de l'Église. Dire «la vérité dans l'amour» est essentiel à notre croissance individuelle et communautaire à la ressemblance de Christ (Ép 4.15).

a. Dire la vérité

En tant que croyants, nous devons avoir le même amour que Dieu pour la vérité : «Tu veux que la vérité soit au fond du cœur» (Ps 51.8). Si un croyant, victime de l'offense d'un autre croyant, prétend que ce n'est pas grave ou que ce n'est rien, il ment. En revanche, s'il va gentiment au-devant de l'offenseur pour régler le problème, il agit selon la vérité. Si un croyant qui pèche le nie, il se ment à lui-même, et il ment aux autres et à Dieu. Le croyant qui confesse son péché ou le combat, celui-là marche dans la vérité.

Malheureusement, nous préférons souvent un mensonge rassurant à une vérité dérangeante. Quand Paul fit courageusement face aux Galates égarés par les faux docteurs, il les plaça devant la vérité : « Suis-je devenu votre ennemi en vous disant la vérité ? » (Ga 4.16) Il ne pouvait flatter ses destinataires comme le faisaient les faux docteurs. Il les aimait et leur disait la vérité sur leur triste condition spirituelle. Même s'ils ne désiraient pas en entendre parler, Paul les arracha aux griffes mortelles d'un faux évangile en leur disant la vérité avec compassion.

b. Parler avec courage

La plupart des gens redoutent la confrontation, au point même que dans de nombreuses cultures on préfère à tout prix éviter l'offenseur pour aborder son péché et chercher la réconciliation. En conséquence, il peut nous être difficile d'obéir à l'instruction de Christ d'aller trouver le frère coupable et de le reprendre seul à seul (Mt 18.15). Sachons que les principes de Matthieu 5 et 18 transcendent la culture et s'appliquent à l'ensemble du corps de Christ. Comme beaucoup d'enseignements de Christ, ces principes vont à l'encontre de l'intuition et de la culture[13]. Les mettre en pratique exige du courage, quelles que soient les expériences personnelles et les attentes culturelles.

Il faut du courage pour prendre l'initiative, pour dire la vérité dans l'amour, pour s'opposer à la culture, ou pour faire face à une personne irritée qui refuse d'être corrigée. Heureusement, nous pouvons avoir ce courage grâce à la

---

13. Mt 5.3,5,11,12,21,27,31,33,38-48 ; 6.1-4,19,21,24-34 ; 7.1-5 ; 10.37,38 ; 15.11,18 ; 18.2-4,15,21-35 ; 22.37-39 ; 23.5-12.

puissance du Saint-Esprit que Dieu fait habiter en nous pour nous aider à comprendre sa volonté et à l'accomplir. La marche par l'Esprit nous donne le courage d'affronter le péché en disant la vérité dans l'amour.

c. Espérer la réconciliation

Si nous tenons fermement sur le terrain de la vérité et agissons par amour dans nos efforts de trouver une solution aux offenses personnelles qui nous sont faites, nous pouvons nourrir un réel espoir de réconciliation, de guérison et de paix dans nos relations fraternelles. Considérons par exemple le cas de la discipline ecclésiastique abordé dans ce chapitre. Pendant un certain temps, les choses semblaient aller de mal en pis. Guy fit appel à un avocat afin de poursuivre l'Église devant le tribunal pour diffamation. Mais faute de preuves suffisantes, l'avocat abandonna l'affaire, ce qui irrita davantage Guy. Il dit à tous ceux qui voulaient bien l'entendre que l'Église était devenue une secte et qu'elle l'avait trompé.

Il prétendait avec force que Serge avait péché contre lui et que les anciens avaient abusé de la discipline. Mais ses enfants adultes finirent par comprendre qu'ils avaient eu tort de soutenir leur père dans ses mensonges. Ils se rendirent compte que leur communion avec le Seigneur avait souffert de cette situation. Au lieu de continuer à être les complices des péchés de leur père, ils allèrent le trouver avec un profond respect pour lui exprimer leur désaccord.

Motivés par leur amour pour lui, ils lui expliquèrent qu'ils envisageaient de retourner à l'Église et demander pardon pour le péché qu'ils avaient commis en prenant sa défense. Ils reconnurent que leur famille et l'Église avaient souffert de ses actions et attitudes coupables. Ils lui dirent enfin qu'ils se sentaient obligés de s'opposer à son comportement autodestructeur et qu'ils espéraient l'entendre confesser son péché et le voir se réconcilier avec eux et avec l'Église.

Guy fut évidemment très surpris par les propos de ses enfants, mais ils eurent un profond impact sur lui. Des mois s'écoulèrent durant lesquels le Saint-Esprit fit son œuvre dans sa conscience. Finalement, il sollicita une entrevue avec les anciens. Ceux-ci priaient régulièrement pour lui ; c'est donc avec joie qu'ils accédèrent à sa requête.

Lors de cette rencontre, Guy admit à contrecœur qu'il n'avait pas agi comme il fallait, ce qui, aux yeux des anciens, était malheureusement insuffisant et les contraignit à lui demander s'il reconnaissait la gravité de son comportement. Craignant qu'il ne minimise son péché, les anciens lui demandèrent d'indiquer clairement les péchés qu'il confessait. Au début, Guy eut de la peine à prononcer le nom de ses péchés, mais il se rendit compte que les anciens étaient décidés à ne pas aller plus loin aussi longtemps qu'il n'aurait pas spécifié ses péchés et le nom de la personne contre laquelle il avait péché. Au cours de la conversation, les anciens constatèrent que Guy se repentait vraiment de ses péchés. Ils eurent tous un moment de prière ensemble et mirent fin à leur entrevue de joie mêlée de larmes en s'étreignant les uns les autres.

Après cela, Guy régla spontanément sa dette envers Serge. Il fut de nouveau accueilli avec joie dans l'assemblée. Il entreprit les démarches nécessaires pour renouer ses liens d'amitié avec les membres et avec certains des anciens, les invitant au restaurant pour un déjeuner ou un dîner, leur exprimant son amour et son respect pour le courage qu'ils avaient eu de résister à sa tromperie délibérée et rebelle. En fin de compte, tout le processus disciplinaire aboutit à une victoire de la vérité de l'Évangile.

Si donc tu présentes ton offrande à l'autel, et que là
tu te souviennes que ton frère a quelque chose

contre toi, laisse là ton offrande devant l'autel,
et va d'abord te réconcilier avec ton frère ;
puis, viens présenter ton offrande.
Matthieu 5.23,24

Principes clés à garder en mémoire

1. Prenez l'initiative de réparer des relations brisées chaque fois qu'une offense en est la cause. Qu'une personne ait péché contre vous, ou que vous ayez péché contre elle, prenez l'initiative de rétablir la relation.

2. Mettez en pratique Matthieu 5 et 18 en ayant d'abord une entrevue privée avec le coupable. Si cette rencontre n'aboutit pas, allez de nouveau trouver le fautif en prenant un ou deux témoins avec vous. Si cette démarche se révèle inefficace à son tour, confiez le sujet à l'Église dans l'espoir que le coupable se repentira et que la relation sera rétablie.

3. Dites toujours la vérité dans l'amour.

4. Soyez prêt à pardonner et à demander pardon.

8

Rechercher la paix

*Ainsi donc, recherchons ce qui contribue à la paix
et à l'édification mutuelle.*
Romains 14.19

Imaginons une Église que nous nommerons « Église de la grâce », fondée par des missionnaires. Depuis ses origines, elle ne forme qu'une assemblée d'individus querelleurs. Les affrontements de fortes personnalités issues de différentes familles importantes et les factions formées autour de points doctrinaux divergents ont souvent brisé l'unité et la paix. À bien des égards, la situation de cette Église ressemblait à celle de l'Église de Corinthe. Les gens sont restés ensemble principalement parce qu'ils vivaient dans un pays où les chrétiens constituaient une petite minorité et qu'il n'y avait peu d'autres Églises auxquelles se rattacher.

Depuis des mois, l'Église connaissait des querelles rancunières à propos d'opinions différentes concernant la date de la création du monde. La situation était telle que l'Église semblait sur le point de se scinder. À la surprise générale, un des diacres se leva à la fin du culte dominical et s'adressa à l'assemblée.

En termes mesurés et aimables, il exprima sa tristesse devant les attitudes et comportements coupables qui étaient devenus pratique courante chaque fois que l'Église abordait un sujet controversé. Le pire, souligna le diacre, c'est que personne n'avait tenté la moindre démarche pour rétablir un climat de paix. Avec beaucoup de courage, il cita de mémoire Galates 5.15 : « Si vous vous mordez et vous dévorez les uns les autres, prenez garde que vous ne soyez détruits les uns par les autres. » Personne ne pouvait nier le fait que cette parole s'appliquait directement à leur Église, car les membres étaient sur le point de s'entre-dévorer dans leurs querelles amères.

L'assemblée réagit d'une façon extrêmement positive. En effet, chacun avait déjà souffert des paroles colériques et des fausses accusations prononcées à son encontre. Ils étaient tous las de cette guerre incessante. Ils savaient qu'il fallait absolument faire quelque chose pour corriger cette situation et reconnurent que l'Esprit leur avait parlé à travers l'humble exhortation du diacre.

Lorsque celui-ci eut fini de parler, d'autres commencèrent à faire des suggestions sur la manière dont l'Église pourrait retrouver l'heureuse vie paisible que Dieu avait en réserve pour elle. Un membre suggéra que les cultes du dimanche matin soient centrés sur l'enseignement des principaux passages bibliques traitant de la paix. Un autre proposa que les chrétiens se retrouvent en petits groupes le dimanche soir pour étudier le sermon du matin et appliquer les Écritures aux problèmes qu'ils rencontraient. Après deux mois de messages sur la recherche de la paix, l'assemblée identifia sept concepts clés que les membres devaient bien comprendre et pratiquer pour que leur Église connaisse la paix et l'unité.

1. LE SEIGNEUR JÉSUS-CHRIST BÉNIT LA RECHERCHE DE LA PAIX

En 1895, Alfred Nobel légua une partie de sa fortune personnelle pour récompenser les gens qui recherchent la paix. Mais bien avant que ce monde déchiré par des guerres ne commence à choisir des personnes méritant ce fameux *prix Nobel de la paix*, Jésus avait prononcé une bénédiction sur les artisans de paix. Dans le sermon sur la montagne, il leur accorde un statut supérieur : «Heureux ceux qui procurent la paix, car ils seront appelés fils de Dieu» (Mt 5.9).

«Cette béatitude, explique David Turner, ne s'applique pas à une personne qui est passivement paisible, mais à celle qui s'engage activement à réconcilier les gens[1].» En disant : «Heureux ceux qui procurent la paix», Jésus ne pensait pas à ceux qui ne font que maintenir ou *préserver la paix*, mais à ceux qui la *procurent*, ceux qui «font cesser les hostilités et rapprochent les querelleurs[2].»

Les simples paroles de Jésus montrent que la recherche de la paix est une œuvre conforme au désir de Dieu et bénie par lui. D'ailleurs, la Bible présente Dieu comme «le Dieu de paix[3]» et la croix comme l'apothéose de l'œuvre pacificatrice[4]! Puisque notre Père céleste a le désir de répandre la paix, nous devons à notre tour nous atteler sérieusement à cette tâche. Comme nous sommes ses enfants, nous devrions être des artisans de paix dont les pensées et les actions reflètent la nature et l'œuvre de notre Père, en particulier quand il s'agit de gérer un conflit.

En découvrant la valeur que Dieu attache à la recherche et au maintien de la paix, les membres de l'Église de la Grâce

---

1. David L. Turner, *Matthew*, BECNT, Grand Rapids, Baker, 2008, p. 152.
2. Leon Morris, *The Gospel according to Matthew*, Grand Rapids, Eerdmans, 1992, p. 101.
3. Ro 15.33 ; 16.20 ; 2 Co 13.11 ; Ph 4.9 ; 1 Th 5.23 ; 2 Th 3.16 ; Hé 13.20.
4. Ép 2.14-17 ; Col 1.19,20.

prirent davantage conscience de leur état. Ile reconnurent à leur honte qu'ils n'avaient jamais prié pour la paix dans leur Église! Ils étaient devenus habiles dans les joutes oratoires querelleuses sur des questions présentant un certain intérêt, mais ils avaient été totalement incapables de promouvoir la paix dans leurs relations les uns avec les autres au sein de la communauté.

Leur étude des passages bibliques traitant de la recherche de la paix les amena à raisonner et à agir en artisans de paix et non en fauteurs de troubles. De vrais changements commencèrent à s'opérer dans leurs manières de faire face à leurs différences d'opinions et dans leurs relations mutuelles. Les paroles de Jésus à ses disciples prirent une toute nouvelle résonance à leurs oreilles : « Heureux ceux qui procurent la paix, car ils seront appelés fils de Dieu. »

> **La paix est absolument essentielle à la santé spirituelle d'une Église locale et à la croissance du chrétien dans la sanctification.**

2. LA RECHERCHE DE LA PAIX PRODUIT DES VIES ET DES ÉGLISES SAINES ET SANCTIFIÉES

Les membres de l'Église de la Grâce se remettaient continuellement en cause à la suite de ce que l'Écriture leur enseignait. De ce point de vue, un sermon leur fut particulièrement bienfaisant. Il se fondait sur Jacques 3.18 où l'auteur fait l'éloge de « ceux qui recherchent la paix » en raison des bienfaits qu'elle procure à l'assemblée des croyants :

> La sagesse d'en haut est premièrement pure,
> ensuite pacifique... Le fruit de la justice est semé
> dans la paix par ceux qui recherchent la paix
> (Ja 3.17,18).

Fin connaisseur de l'Ancien Testament, Jacques était familiarisé avec le concept juif du *shalom*, qui inclut la paix, la santé et le bien-être de la vie intérieure de l'individu comme de la vie extérieure de l'assemblée. Le *shalom* n'indique pas seulement l'absence de luttes, mais englobe les vertus positives de contentement, de sécurité et de prospérité. Il s'applique à la paix avec Dieu, avec soi-même (la sérénité intérieure), avec ses semblables (harmonie du groupe) et avec ses ennemis (fin de la guerre).

Dieu est la source du *shalom*, et la paix qu'il procure est l'un des bienfaits majeurs dont son peuple jouit. Jacques voulait que ces premières communautés judéo-chrétiennes qui avaient tout sauf la paix, fassent vraiment l'expérience du *shalom*. C'est pourquoi, à l'aide de l'image tirée du monde agricole, il compare les artisans de paix au fermier qui jette sa semence en terre dans l'espoir d'une bonne récolte.

Mais contrairement au fermier qui met sa semence dans la terre, l'artisan de paix jette sa semence dans l'esprit et le cœur de ses compagnons chrétiens. Il sème «dans la paix», et non en colère, par égoïsme ou avec impatience. En son temps, la semence donnera une moisson, une récolte bénie de vies et d'Églises sanctifiées. Le «fruit de la justice» des artisans de paix chrétiens consiste en une conduite pieuse et juste qui plaît à Dieu, une conduite «pure... pacifique, modérée, conciliante, pleine de miséricorde et de bons fruits, exempte de duplicité et d'hypocrisie» (v. 17). Cette conduite manifeste le «fruit de l'Esprit» et la ressemblance à Christ. Elle préserve l'harmonie entre les gens.

La paix est absolument essentielle à la santé spirituelle d'une Église locale et à la croissance du chrétien dans la sanctification. Un environnement de luttes et de groupes qui se disputent étouffe le développement spirituel. Là où il y a de la discorde, la peur et la méfiance abondent, et la détresse remplit le cœur des gens. Une telle atmosphère fait obstacle au témoignage de l'Évangile, les nouveaux chrétiens et les enfants sont désabusés. En revanche, les gens — en particulier les nouveaux convertis et les jeunes — se développent harmonieusement dans un climat de paix. Dans une atmosphère paisible, ils peuvent cultiver leurs dons spirituels, se mettre au service d'autrui, croître en maturité et goûter à la joie merveilleuse du Seigneur.

Dans un monde de guerre incessante, est-on surpris par le cri poussé par le psalmiste du plus profond de son être : «Voici, oh! qu'il est agréable, qu'il est doux pour des frères de demeurer ensemble!» (Ps 133.1)? Puissions-nous tous partager la même passion que le psalmiste en faveur de la paix et de l'harmonie au sein du peuple de Dieu!

3. TOUT CROYANT EST TENU DE RECHERCHER LA PAIX

En poursuivant leur étude de l'Écriture, les membres de l'Église de la Grâce furent surpris de découvrir que la recherche de la paix n'est pas facultative : c'est un commandement biblique. Le Nouveau Testament ordonne à tous les croyants de vivre en paix les uns avec les autres et avec tout le monde.

- Soyez en paix les uns avec les autres (Mc 9.50).

- S'il est possible, autant que cela dépend de vous, soyez en paix avec tous les hommes (Ro 12.18).

- Vivez en paix [*les uns avec les autres*] (2 Co 13.11).

- Soyez en paix entre vous (1 Th 5.13).

Ils apprirent de plus que tous les croyants — et pas seulement ceux qui occupent une position d'autorité —

sont appelés à rechercher délibérément et activement la paix :

- Ainsi donc, recherchons ce qui contribue à la paix (Ro 14.19).

- Recherchez la paix avec tous (Hé 12.14).

- Qu'il recherche la paix et la poursuive (1 Pi 3.11).

- Fuis les passions de la jeunesse, et recherche... la paix (2 Ti 2.22).

- Et que la paix de Christ, à laquelle vous avez été appelés pour former un seul corps, règne dans vos cœurs (Col 3.15).

La paix, qu'elle règne dans le cœur de l'individu ou au sein de l'assemblée, est un fruit du Saint-Esprit et va à l'encontre des œuvres de la chair, à savoir : «les rivalités, les querelles, les jalousies, les animosités, les disputes, les divisions» (Ga 5.20). C'est la paix, et non la guerre, qui doit caractériser nos relations en tant que membres du «seul corps». Comme le souligne Paul dans Colossiens 3.15, nous avons tous été appelés par Dieu à faire régner la paix de Dieu dans nos cœurs lors de nos relations les uns avec les autres puisque nous formons «un seul corps» en Christ. «Sans sacrifier ce principe, écrit Douglas Moo, les croyants doivent cultiver

Chaque membre est donc responsable de rechercher et de maintenir la paix dans l'Église locale.

entre eux des relations qui favorisent et démontrent la paix que Christ leur a acquise[5]. »

Chaque membre est donc responsable de rechercher et de maintenir la paix dans l'Église locale. Chaque individu exerce une influence quant à l'issue des conflits dans l'Église. Comme le dit fort justement un commentateur, les croyants constituent la « Force de paix » de Dieu dans le monde[6].

Le Nouveau Testament enseigne — et la plupart des chrétiens le savent — que chaque membre de l'assemblée locale est tenu d'encourager ses frères et sœurs, d'intercéder en leur faveur, de les exhorter, de les servir, de les reprendre, de les édifier, de prendre soin d'eux et de les aimer. Mais il semblerait que ce même membre ne sache pas bien qu'il est aussi tenu de rechercher « ce qui contribue à la paix » (Ro 14.19). Imaginons ce que pourrait être la qualité de membre dans une Église au sein de laquelle chaque membre se considérerait comme un membre de la « Force de paix » de Dieu. Chacun aborderait les conflits en raisonnant et en agissant comme un artisan de paix. Il rechercherait une paix juste et équitable au lieu de combattre son frère ou sa sœur en vue de l'emporter ou d'écraser la partie adverse.

La recherche de la paix est un travail actif et nécessaire qui exige de la réflexion et de l'effort. Toutes les Églises du Nouveau Testament ont dû lutter pour maintenir l'unité et l'harmonie. Il n'en va pas autrement aujourd'hui. Sans efforts constants pour maintenir la paix, toutes les Églises finiront par se diviser ou vivre en guerre perpétuelle. La gestion biblique des conflits exige donc de tous les croyants, aussi bien les responsables que les simples membres (1 Th 5.13), qu'ils réfléchissent et agissent en artisans de paix.

---

5. Douglas Moo, *The Letter to the Colossians and to Philemon*, PNTC, Grand Rapids, Eerdmans, 2008, p. 283.
6. William Hendriksen, *Exposition of the Gospel According to Matthew*, NTC, Grand Rapids, Baker Book House, 1973, p. 279.

4. LA RECHERCHE DE LA PAIX EXIGE UNE MÉDIATION

À la fin de la série d'études sur la recherche de la paix, l'un des enseignants de l'Église de la Grâce demanda à tous les membres de se mettre au travail et de se conduire en artisans de paix. Pour mettre fin aux hostilités qui secouaient l'assemblée, il appela les croyants les plus matures à se conduire en médiateurs entre ceux qui ne s'adressaient plus la parole. Il leur rappela qu'en tant que croyants habités par l'Esprit et armés de la Parole de Dieu, ils devaient être capables d'aider leurs frères et sœurs à surmonter la plupart de leurs disputes[7]. Il expliqua alors trois passages néotestamentaires clés sur la recherche de la paix : Matthieu 18.15-17 ; Philippiens 4.2,3 et 1 Corinthiens 6.1-11.

a. L'appel à un médiateur

En suivant les instructions du Seigneur, les croyants devraient être en mesure de résoudre leurs conflits personnels, moyennant l'aide d'autres frères dans la foi. D'après Matthieu 18.15-17, la première étape consiste à rencontrer l'offenseur en tête-à-tête pour désamorcer le conflit. Si le coupable refuse de coopérer, nous devons prendre avec nous un ou deux témoins et reprendre contact avec le frère ou la sœur qui nous ont offensé (voir le chapitre 7 du livre pour un examen détaillé de cette procédure). Un des devoirs des témoins est de faire la médiation entre les deux individus en conflit.

Même les chrétiens les plus spirituels et les plus consacrés ont parfois besoin d'aide pour trouver une solution à leur différent avec un autre chrétien. Paul était un infatigable artisan de paix. Sa lettre à l'Église de Philippes est un effort pour venir en aide à une assemblée dans laquelle il y avait

---

7. La médiation est une entreprise spontanée destinée à mettre d'accord deux parties ; contrairement à l'arbitrage, qui résulte d'une décision officielle et légale, la médiation n'est pas liée par un contrat.

des conflits. L'apôtre s'adresse tout particulièrement à deux femmes influentes qui, visiblement, ne s'entendaient pas :

> J'exhorte Évodie et j'exhorte Syntyche à être d'un même sentiment dans le Seigneur. Et toi aussi, fidèle collègue, oui, je te prie de les aider, elles qui ont combattu pour l'Évangile avec moi (Ph 4.2,3).

Ces femmes avaient besoin d'un médiateur pour les aider à concilier leurs différences. Paul sollicita donc un frère anonyme de l'assemblée pour s'impliquer et aider ces deux femmes pieuses «à être d'un même sentiment dans le Seigneur». Tant qu'il y aura des conflits entre les gens, il y aura besoin de médiateurs artisans de paix.

b. L'appel à la sagesse et à l'aide des membres de l'Église

Il semblerait qu'un membre de l'Église de Corinthe ait spolié un de ses frères d'argent, de biens ou de salaire. Pour régler le conflit, le chrétien «lésé» (le plaignant) engagea des poursuites judiciaires contre le chrétien qui l'avait volé. Quand Paul apprit la chose, il fut scandalisé. Incrédule, il s'écria : «Mais un frère plaide contre un frère, et cela devant des infidèles!» (1 Co 6.6.) David Garland saisit bien l'aversion de Paul devant cette situation : «Des chrétiens s'opposent à leurs frères chrétiens et entretiennent avec eux des relations d'animosité féroce plutôt que des relations fondées sur l'amour et l'altruisme[8].»

Avec une certaine virulence, Paul leur reproche de chercher de l'aide à l'extérieur de l'Église pour résoudre un conflit interne. Il déclare en substance : «Êtes-vous incompétents pour juger des cas simples? Parmi vous, n'y a-t-il personne qui soit assez sage pour mettre fin à une querelle entre frères?» Sachant qu'un jour, les saints

---

8. David E. Garland, *1 Corinthians*, BECNT, Grand Rapids, Baker, 2003, p. 208.

jugeront le monde et les anges, l'apôtre estime que le cas présent est une affaire mineure que l'Église devrait être en mesure de trancher.

Il va plus loin et affirme que «c'est déjà un défaut chez vous que d'avoir des procès les uns avec les autres» (1 Co 6.7). Pour lui, le simple fait de traîner un frère dans la foi devant un tribunal d'incroyants est déjà une complète défaite spirituelle et morale pour les deux adversaires, quels que soient le gagnant et le perdant. Celui qui a fraudé a eu tort et celui qui le traîne devant le tribunal a tort également ; même l'Église a tort, elle qui n'a pas su empêcher les deux parties d'en arriver là en flagrante violation de la fraternité chrétienne.

Le fait que les Églises locales n'enseignent plus le principe de la médiation chrétienne et n'en donnent plus l'exemple comme elles le devraient est l'une des raisons pour lesquelles on constate une prolifération de poursuites judiciaires entre croyants dans les pays occidentaux. Des problèmes qui rappellent la situation dans l'Église de Corinthe découlent en fait de la violation de principes spirituels, une faute qui n'est pas du ressort des tribunaux séculiers. Les chrétiens peuvent engager et payer les meilleurs avocats, étaler leurs différends devant des tribunaux et obtenir qu'un juge compétent prononce un jugement sans jamais prendre en compte leur haine, leur colère, leur propre justice ou leur orgueil. Le problème ne réside pas dans un défaut d'arbitrage ni dans un manque de compétence professionnelle des hommes de loi. La vraie difficulté est que le tribunal se trouve devant un problème spirituel : les désirs charnels veulent dominer sur notre cœur et notre esprit, et n'ont pas été abordés honnêtement devant un Dieu saint, ni fait l'objet d'une repentance sincère.

Dans la recherche de la paix, la première étape consiste donc à examiner et à dénoncer les attitudes coupables de notre cœur. Selon les termes mêmes du Seigneur :

Car c'est du dedans, c'est du cœur des hommes, que sortent les mauvaises pensées... le regard envieux, la calomnie, l'orgueil, la folie. Toutes ces choses mauvaises sortent du dedans, et souillent l'homme (Mc 7.21-23).

5. LA RECHERCHE DE LA PAIX EST UNE ENTREPRISE COURAGEUSE ET ARDUE

De nombreux croyants de l'Église de la Grâce confessèrent qu'ils prenaient les artisans de paix pour des gens sans conviction, des lâches et des faibles. Mais ils finirent par comprendre que le chrétien qui recherche la paix ne passe pas les difficultés sous silence, espérant qu'elles disparaîtront d'elles-mêmes ou recherchant une trêve. Il ne veut pas d'un apaisement ni d'une paix à n'importe quel prix. La recherche chrétienne de la paix est une entreprise qui est ardue, nécessite des sacrifices et qui doit être guidée par les vérités de l'Écriture.

> « Quand il faut choisir entre l'unité et la vérité, l'unité doit céder devant la vérité ; il vaut mieux, en effet, être divisés par la vérité que d'être unis par l'erreur. »
> – E. J. Carnell

La vie de Paul constitue un modèle de recherche chrétienne de la paix. Pour lui, l'Évangile était à la fois «parole de vérité» et «évangile de paix» (Ép 1.13 ; 6.15). Lorsqu'un compromis était une solution acceptable pour permettre aux croyants de vivre en harmonie, il était prêt au compromis[9]. Mais lorsque les vérités de l'Évangile et de la Parole de Dieu étaient en jeu, il refusait de transiger sur la vérité ou d'apaiser qui que ce soit, pas même ses amis[10]. Il ne voulait pas céder le moindre pouce de terrain aux ennemis de l'Évangile.

9. Ac 16.3 ; 21.20-26 ; 24.17,18 ; 1 Co 9.20-23.
10. Ac 15.1,2 ; Ga 2.4,5,11-14.

Paul savait que la paix et l'unité ne pouvaient pas se faire au détriment de la vérité de l'Évangile. Sacrifier cette vérité, c'était se priver de ce qui crée précisément notre unité et notre paix :

> *Quand il faut choisir entre l'unité et la vérité, l'unité doit céder devant la vérité ; il vaut mieux, en effet, être divisés par la vérité que d'être unis par l'erreur.* Nous soumettons l'Église à l'épreuve de la vérité et non la vérité à l'épreuve de l'Église. Les apôtres imposaient à la communauté chrétienne les normes de la révélation divine[11].

Comme son Seigneur, Paul dénonçait ouvertement le péché. Il ne minimisait pas les difficultés et ne parlait pas de paix quand il n'y en avait pas. Il prenait très au sérieux les péchés qui détruisaient la paix.

Lorsque Jésus chassa les changeurs de monnaie dans le temple, il rétablit la paix dans ce lieu saint où Dieu est adoré (Jn 2.13-17). De la même manière, Paul combattit résolument les faux docteurs qui semaient la discorde et la division au sein du peuple de Dieu. Quand Paul et Barnabas, par exemple, s'opposèrent aux faux docteurs qui commençaient à répandre un faux évangile dans la toute nouvelle Église d'Antioche, eux, les apôtres et les anciens de l'Église de Jérusalem rédigèrent unanimement une déclaration écrite concernant la liberté qu'avaient les païens de ne pas observer certains aspects de la loi juive (Ac 15.1,2,6-35). Leurs efforts pour contrecarrer le faux enseignement apportèrent paix et bien-être aux Églises (Ac 15.31).

Ayant sacrifié sa vie au service de la vérité et de la paix, Paul connaissait le prix personnel et douloureux à payer pour établir et maintenir la paix dans un monde hostile.

---

11. Edward John Carnell, *The Case for Biblical Christianity*, Grand Rapids, Eerdmans, 1969, p. 27.

Voici comment Paul Rees décrit l'attitude de Paul dans sa recherche de la paix : « Lorsque l'unité était brisée, son cœur aussi se brisait. Quand l'unité était consolidée, son âme chantait[12]. »

6. LA RECHERCHE DE LA PAIX SOULIGNE LA VALEUR DE L'UNITÉ DU CORPS DE CHRIST

Bien que la recherche de la paix soit une entreprise difficile sur les plans émotionnel, mental et spirituel, les sacrifices consentis en faveur de la paix n'atteindront jamais le prix infini que Jésus a payé pour créer la nouvelle humanité composée de Juifs et de non-Juifs unis dans son corps (Ép 2.11-22). À partir du moment où les membres de l'Église de la Grâce commencèrent à comprendre la valeur extraordinaire de l'œuvre unificatrice et pacificatrice accomplie par Christ à la croix, ils accordèrent beaucoup plus d'importance à l'unité et à la recherche de la paix. C'est d'ailleurs pour cela que le Seigneur avait prié quelques heures avant sa mort. Il avait demandé à Dieu que tous les membres de son peuple soient un et que cette unité soit manifestée de façon visible dans le monde :

> Ce n'est pas pour eux seulement que je prie, mais encore pour ceux qui croiront en moi par leur parole, afin que tous soient un, comme toi, Père, tu es en moi, et comme je suis en toi, afin qu'eux aussi soient un en nous, pour que le monde croie que tu m'as envoyé. Je leur ai donné la gloire que tu m'as donnée, afin qu'ils soient un comme nous sommes un, moi en eux, et toi en moi, afin qu'ils soient parfaitement un, et que le monde connaisse que tu m'as envoyé et que tu les as aimés comme tu m'as aimé (Jn 17.20-23).

---

12. Paul S. Rees, *The Adequate Man : Paul in Philippians*, Westwood, New Jersey, Revell, 1959, p. 40.

Cette unité est si importante que Paul supplie les croyants d'origine juive et ceux d'origine païenne, en proie à de fortes tensions sociales, de s'efforcer «de conserver l'unité de l'Esprit par le lien de la paix» (Ép 4.3). Le verbe grec traduit par le participe présent «vous efforçant» a un sens très fort qu'on pourrait rendre par «faire tous ses efforts», «tendre vers», «être zélé pour», «faire preuve de diligence», «être consciencieux[13]». Paul rappelle à ses croyants cette grande vérité :

> Il y a un seul corps et un seul Esprit, comme aussi vous avez été appelés à une seule espérance par votre vocation ; il y a un seul Seigneur, une seule foi, un seul baptême, un seul Dieu et Père de tous, qui est au-dessus de tous, et parmi tous, et en tous (Ép 4.4-6).

Paul n'exhorte pas les croyants à créer l'unité. L'unité dont il parle est celle du corps de Christ, l'Église. C'est l'Esprit Saint qui la crée, pas nous. Notre vocation est de préserver, de protéger et de maintenir l'unité qui existe déjà. Nous ne devons nous épargner aucun effort pour maintenir de façon pratique et visible «l'unité de l'Esprit». Nous devons le faire avec zèle et de toute urgence, car cette unité risque toujours d'être attaquée. Toutes les Églises du Nouveau Testament luttaient pour préserver «l'unité de l'Esprit».

Le verset 2 du même chapitre décrit les qualités ou les types de conduite nécessaires pour préserver et protéger l'unité de l'Esprit :

> Je vous exhorte donc, moi, le prisonnier dans le Seigneur, à marcher d'une manière digne de la vocation qui vous a été adressée, en toute *humilité* et *douceur*, avec *patience, vous supportant les uns*

---

13. *Spoudazo* : «être zélé, ardent, prendre de la peine, faire tous les efforts, être consciencieux» (BDAG, 939).

les autres avec amour (Ép 4.1,2 ; italiques pour souligner).

7. LES VERTUS DE LA RECHERCHE DE LA PAIX

La recherche et la protection de «l'unité de l'Esprit par le lien de la paix» sont des entreprises pacificatrices. La Parole de Dieu décrit clairement comment nous accomplissons cette œuvre. *Elle doit être accomplie d'une manière spécifiquement chrétienne* «en toute humilité et douceur, avec patience, vous supportant les uns les autres avec amour[14]». Ces qualités sont le fruit de l'Esprit ; sans elles, nous ne pourrions préserver et protéger «l'unité de l'Esprit», ni agir comme des membres de la «Force de Dieu pour la paix».

Nous ne pouvons maintenir «l'unité de la paix» en nous comportant de façon dure et arrogante avec les gens ; nous ne pouvons la préserver en faisant preuve d'impatience, d'un esprit de jugement et de supériorité, de mépris à l'égard d'autrui, ou encore en étant dépourvus de compassion. Ces comportements sont des œuvres de la chair et ne mènent qu'aux querelles et aux divisions. Notre manière de nous conduire avec nos semblables est très importante pour Dieu.

À l'image de Christ, les artisans de paix font humblement passer le bien des autres avant le leur. Au contact des personnes difficiles, ils agissent avec une voix bienveillante et des gestes bienfaisants. Ils font preuve d'amour en s'effaçant devant les autres de manière à résoudre leurs problèmes et à unir le peuple de Dieu. Ils sont patients avec les gens et les supportent avec amour[15].

---

14. Voir aussi Col 3.12-15.
15. F. J. A. Hort déclare à propos de Paul que «dans chacune des neuf épîtres adressées aux Églises, il fait de la paix de Dieu le but suprême à atteindre, et de l'effacement personnel de soi devant l'amour le moyen unique pour l'atteindre», *The Christian Ecclesia*, 1897, réimpression 1914, Macmillan, Londres, 1914, p. 123.

En imitateurs de Christ, les artisans de paix conduits par l'Esprit maîtrisent les passions destructrices de la colère et de la langue indomptable de manière à pouvoir parler avec grâce et vérité pour apporter la justice, la guérison et l'unité entre personnes en conflit. Ils témoignent d'une bonne capacité d'écoute et d'abnégation.

Sous la conduite de l'Esprit, les artisans de paix agissent en restant fidèles aux vérités de l'Évangile et de la Parole de Dieu. Ils trouvent le juste équilibre entre vérité et grâce dans leurs rapports avec les gens et leurs problèmes. Ils manifestent la sagesse d'en haut qui crée la pureté du cœur et de l'esprit, la douceur du raisonnement, la grâce, la compassion, la sincérité et la paix.

George Verwer, le fondateur et l'ancien directeur d'Opération Mobilisation, une organisation missionnaire mondiale, s'adresse à des centaines d'Églises chaque année. Quand on lui demande ce qui le frappe le plus dans ses visites aux Églises du monde entier, il répond : « Voir une Église vivre en paix est une oasis dans le désert. » Quel beau commentaire sur le travail des artisans de paix chrétiens ! Il y a encore du pain sur la planche !

Avec le temps, l'Église de la Grâce a saisi la vision biblique de la recherche de la paix. Il lui reste certes encore beaucoup à apprendre et à faire, mais ses membres sont décidés, avec l'aide de l'Esprit, à changer leurs relations fraternelles qui, jusqu'alors, étaient querelleuses et subversives. Ils firent des efforts soutenus pour « maintenir l'unité de l'Esprit par le lien de la paix ». Ils commençaient à former une Église en paix, une oasis dans le désert. Puisse votre Église devenir une telle oasis !

Ayez un même sentiment, vivez en paix ; et le Dieu d'amour et de paix sera avec vous.
(2 Co 13.11)

Principes clés à garder en mémoire

1. À l'approche d'un conflit, chaque croyant doit délibérément et activement rechercher la paix.

2. À l'approche d'un conflit, demandez l'aide et la médiation au sein de l'Église et non auprès des tribunaux du monde.

3. Faites tous vos efforts pour préserver et protéger « l'unité de l'Esprit par le lien de la paix ».

9

Faire face aux faux docteurs

Si quelqu'un enseigne de fausses doctrines, et ne s'attache pas aux saines paroles de notre Seigneur Jésus-Christ... il est enflé d'orgueil, il ne sait rien ; il a la maladie des questions oiseuses et des disputes de mots, d'où naissent l'envie, les querelles, les calomnies, les mauvais soupçons, les vaines discussions d'hommes corrompus d'entendement...

1 Timothée 6.3-5

À l'instigation de Satan et de ses forces démoniaques[1], des faux docteurs ont créé des divinités et des théologies contrefaites depuis les origines de l'histoire humaine. Paul avertit que les faux docteurs causent des «divisions[2]». Jude le dit clairement : «Ce sont ceux qui provoquent des divisions, hommes sensuels, n'ayant pas l'Esprit» (Jud 19). Les faux docteurs sont des loups qui dispersent et dévorent le troupeau.

Que doivent faire les croyants lorsque des faux docteurs attaquent leurs assemblées ? Ils pourraient être tentés de s'enfuir, ou de faire des concessions afin de travailler dans l'unité avec eux, de les accueillir comme

1. 2 Co 11.3,13-15 ; Ép 6.11,12 ; 1 Ti 4.1,2.
2. Ro 16.17 ; voir aussi Jud 19 ; 1 Ti 6.4 ; Tit 1.11 ; 3.9.

frères, de les entraîner dans des discussions, ou de garder le silence et d'attendre l'intervention de Dieu. Pour avoir la bonne réponse à cette question, consultons la Parole de Dieu. Dans son souci de nous protéger, l'Écriture donne des instructions sur la manière de réagir face aux faux docteurs, des génies en matière de confusion et de conflits. Le comportement face aux faux docteurs diffère sensiblement de celui que nous adoptons lorsque nous réglons les différends légitimes entre croyants dans la famille ecclésiale. Examinons les directives spécifiques du Nouveau Testament à ce sujet.

Pour mieux comprendre la nature insidieuse des faux docteurs et illustrer le mécanisme de l'application fidèle et concrète de l'enseignement néotestamentaire, nous prendrons l'exemple fictif de Wolfgang, un missionnaire allemand que nous situerons en Inde. C'est un homme au grand cœur, un chrétien plein de grâce particulièrement doué pour l'apprentissage des langues et l'adaptation aux cultures étrangères. Les gens l'aimaient et les nouveaux convertis suivaient fidèlement son exemple d'évangéliste qui aboutit à la fondation de nombreuses Églises nouvelles.

> **« Bien-aimés, n'ajoutez pas foi à tout esprit ; mais éprouvez les esprits, pour savoir s'ils sont de Dieu, car plusieurs faux prophètes sont venus dans le monde. »**
>
> **1 Jean 4.1**

Après des années de dur labeur, Wolfgang retourna en Allemagne pour se reposer et suivre un traitement médical. Pendant son absence, des missionnaires d'autres régions de l'Inde rendirent visite aux nouvelles Églises. Certains d'entre eux étaient des orateurs qui captaient l'attention, bien plus que ne le faisait Wolfgang, mais ces docteurs annonçaient un faux évangile. Wolfgang avait fréquemment et solennellement mis les Églises en garde contre la menace des faux docteurs, mais les croyants n'avaient pas pris cette menace au sérieux. Ils ne comprirent pas que les docteurs qui les visitaient allaient causer de grands ravages dans les Églises nouvellement fondées.

1. METTRE EN GARDE TOUS LES CROYANTS CONTRE LES FAUX DOCTEURS

Pendant son ministère terrestre, Jésus, le bon Berger, a constamment averti ses disciples des enseignements pernicieux et des méthodes subtiles des faux docteurs[3]. «Gardez-vous des faux prophètes. Ils viennent à vous en vêtement de brebis, mais au-dedans ce sont des loups ravisseurs» (Mt 7.15). Les auteurs du Nouveau Testament ont continué sur cette lancée et ont multiplié les mises en garde contre les faux docteurs et leurs doctrines destructrices.

À ses convertis bien-aimés dans la ville de Philippes, Paul déclare : «Car il en est plusieurs qui marchent en ennemis de la croix de Christ, je vous en ai souvent parlé, et j'en parle maintenant encore en pleurant» (Ph 3.18). Pour sa part, Pierre aussi annonce qu'«il y aura de même parmi vous de faux docteurs, qui introduiront sournoisement des sectes pernicieuses... Par cupidité, ils vous exploiteront au moyen de paroles trompeuses» (2 Pi 2.1,3). Et Jean demande à ses lecteurs de ne pas être crédules : «Bien-aimés, n'ajoutez pas foi à tout esprit ; mais éprouvez les esprits, pour savoir s'ils sont de Dieu, car plusieurs faux prophètes sont venus dans le monde» (1 Jn 4.1). Le message des apôtres est clair : les croyants ont besoin d'avertissements continuels pour se garder des tromperies subtiles des faux docteurs.

---

3. Mt 7.15 ; 16.6,11,12 ; 24.5,11,23,24 ; Mc 8.15 ; 13.22 ; Lu 6.26 ; 12.1.

L'avertissement peut-être le plus alarmant se trouve dans les paroles d'adieu que Paul adresse aux anciens d'Éphèse :

> Je sais qu'il s'introduira parmi vous, après mon départ, des loups cruels qui n'épargneront pas le troupeau, et qu'il s'élèvera du milieu de vous des hommes qui enseigneront des choses pernicieuses, pour entraîner les disciples après eux. Veillez donc, vous souvenant que, durant trois années, je n'ai cessé nuit et jour d'exhorter avec larmes chacun de vous (Ac 20.29-31).

Paul, Pierre et Jean réservent leurs termes les plus sévères et leurs accusations les plus caustiques aux faux docteurs de l'Évangile.

Les faux docteurs ne se présentent pas sous la forme de petits diables rouges avec des cornes. Ce sont des gens comme vous et moi. Certains sont même de prestigieux professeurs d'université, des auteurs d'ouvrages d'érudition, des orateurs bien connus exposant des idées révolutionnaires. On en retrouve d'autres comme pasteurs d'Églises influentes. Les faux docteurs sont le plus souvent des êtres charmants, intelligents, aimables. Ils apparaissent sous les traits d'«apôtres de Christ» ou d'«anges de lumière» (2 Co 11.13,14), mais leurs doctrines révèlent qu'ils ne sont pas ce qu'ils professent être. Ils créent le chaos et les disputes au sein du peuple de Dieu. Ils égarent des millions de gens en redéfinissant adroitement la foi chrétienne d'une manière qui nie les vérités essentielles et fondamentales de l'Évangile. Il est évidemment hors de question de pactiser avec de tels enseignants.

Ces faux docteurs séduisent plus facilement qu'on ne le pense généralement. Ils sont passés maîtres dans l'art de mélanger la précieuse vérité avec d'énormes erreurs au point que même des spécialistes ont de la peine à démêler le vrai du faux. C'est pourquoi la Bible les traite constamment de gens trompeurs, menteurs et à l'intelligence corrompue. C'est aussi pour cela que Paul, Pierre et Jean réservent leurs termes les plus sévères et leurs accusations les plus caustiques aux faux docteurs de l'Évangile. Tout comme l'a fait le bon Berger, nous devons sans cesse dire aux chrétiens que les faux docteurs «viennent à vous en vêtement de brebis, mais au-dedans ce sont des loups ravisseurs.»

2. ÉVITER LES FAUX DOCTEURS

Tout croyant doit se tenir sur ses gardes pour reconnaître les faux docteurs et les éviter. Wolfgang avait scrupuleusement suivi l'exemple de Paul qui avait exhorté les chrétiens de Rome «à prendre garde» aux faux docteurs et à s'éloigner d'eux :

> Je vous exhorte, frères, *à prendre garde à ceux qui causent des divisions* et des scandales, au préjudice de l'enseignement que vous avez reçu. *Éloignez-vous d'eux.* Car de tels hommes ne servent point Christ notre Seigneur, mais leur propre ventre ; et, par des paroles douces et flatteuses, ils séduisent les cœurs des simples (Ro 16.17,18 ; italiques pour souligner).

Reprenons les termes de Robert Haldane, un commentateur de la Bible : «Aucune injonction ne devrait être suivie avec plus de vigilance que celle-ci [à savoir éviter les faux docteurs[4]].» Cela signifie pratiquement que nous ne devons pas participer à leurs études bibliques, ni nous rendre chez eux pour cultiver quelque communion ou amitié

---

4. Robert Haldane, *Exposition of the Epistle to the Romans*, Edimbourg, Oliphant, 1874, p. 642.

que ce soit. Nous ne devons pas non plus leur accorder l'hospitalité (2 Jn 10,11). De même, ne leur donnons pas la parole dans nos assemblées, car à partir du moment où ils entrent dans une Église, ils se comportent comme de l'ivraie tellement bien enracinée qu'il n'est plus facile de l'arracher. Dans toute la mesure du possible, évitons même de discuter avec eux.

Dans certains cas, il est impossible d'éviter les faux docteurs, mais on peut toujours refuser d'entrer dans leurs discussions insensées. Les faux docteurs que Timothée affronta aimaient discuter à l'infini et se plaisaient dans des spéculations vaines. Voilà pourquoi Paul exhorte Timothée à repousser «*[leurs]* discussions folles et inutiles» (2 Ti 2.23). L'apôtre désirait éviter que Timothée soit entraîné dans des débats alimentant des conflits et des controverses[5]. Il ne voulait pas qu'il participe à des discussions qui donneraient une crédibilité imméritée à des doctrines et idées erronées.

Paul exhorte son collaborateur Timothée à prêcher la Parole avec patience et persévérance, au lieu de passer son temps à discuter avec des faux docteurs (2 Ti 4.1,2), ainsi qu'à s'appliquer «à la lecture [*publique de l'Écriture*], à l'exhortation, à l'enseignement» (1 Ti 4.13[6]). En agissant de la sorte, il se sauvera lui-même et ceux qui l'«écoutent» (1 Ti 4.16).

Bien que Wolfgang ait mis ses croyants en garde contre la menace des faux docteurs, et en particulier contre un mouvement bien connu en Inde, «le mouvement de Melchisédek», ils n'avaient pas prêté attention à ses avertissements. Aussi, à l'arrivée des missionnaires itinérants, les gens firent preuve d'une très grande naïveté. Visiblement inconscients des dangers, ils ne se détournèrent pas de ces agents de Satan. Ils n'éprouvèrent pas «les esprits pour s'avoir s'ils *[venaient]* de Dieu.» Au

---

5. Voir aussi 1 Ti 4.7 ; 6.20 ; 2 Ti 2.16 ; Tit 3.9.
6. Voir aussi 1 Ti 4.6,11,16 ; 6.2 ; voir encore Tit 2.1,7,8,15.

contraire, ils furent pressés d'entendre ce que ces hommes avaient à leur dire et les accueillirent pour écouter leur enseignement. Ce fut une grave erreur.

3. S'OPPOSER AUX FAUX DOCTEURS ET LES EMPÊCHER DE POURSUIVRE LEUR ŒUVRE

Les nouveaux missionnaires qui arrivèrent dans les Églises fondées par Wolfgang parurent d'abord comme des enseignants très bien versés dans la connaissance de l'Écriture. Ils faisaient partie d'un mouvement qui prétendait remonter à l'apôtre Thomas, le premier missionnaire en Inde. S'appuyant sur des références à Melchisédek, un prêtre du Dieu de l'Ancien Testament dont parle la lettre aux Hébreux[7], ils enseignaient que Thomas avait fondé un ordre particulier de prêtres — le sacerdoce selon Melchisédek — pour protéger l'enseignement de Jésus contre la corruption.

Ces docteurs affirmaient que Wolfgang n'avait pas compris le plein message de l'Évangile. Ils enseignaient que le salut exigeait la totale séparation d'avec le monde, l'acquisition d'un certain niveau de connaissance supérieure et la pratique de bonnes œuvres prescrites par le sacerdoce selon Melchisédek. Ces missionnaires faisaient preuve d'une grande assurance et de beaucoup de conviction. Ils se vantaient de leur connaissance, de leur riche héritage et de Thomas, leur fondateur. Ils critiquèrent l'Évangile simple du salut que Wolfgang avait prêché, un salut par la grâce seule, au moyen de la foi seule et en Christ seul. Ils mirent en doute la crédibilité de Wolfgang et des Églises allemandes qui l'avaient envoyé.

Suite à ce travail de sape, beaucoup de gens commencèrent à remettre en cause le message et la crédibilité de Wolfgang. Des querelles naquirent dans chacune des Églises. Certains chrétiens prirent le parti des

---

7. Hé 5.6 ; 6.20 – 7.25.

missionnaires du mouvement de Melchisédek, d'autres leur résistèrent, mais la plupart étaient perplexes et ne savaient plus qui avait raison. Sous le coup de la colère, les gens se dressèrent les uns contre les autres dans des disputes. Des accusations fusèrent dans toutes les directions. Personne n'était à l'abri d'attaques. Tout donnait à penser que certaines Églises allaient se scinder.

Lorsque Wolfgang apprit que les missionnaires s'étaient introduits dans les assemblées, il écrivit une longue lettre aux Églises pour réfuter les doctrines déformées des missionnaires. Il suivit scrupuleusement l'exemple du raisonnement et des méthodes de Paul dans ses lettres aux Galates et aux Corinthiens. Il déclara à ses lecteurs qu'il était surpris par la rapidité avec laquelle ils avaient abandonné l'Évangile authentique pour se tourner vers un évangile différent, et avaient permis à des faux docteurs de les séduire. Utilisant les mêmes termes que Paul, il déclara :

> Toutefois, de même que le serpent séduisit Ève par sa ruse, je crains que vos pensées ne se corrompent et ne se détournent de la simplicité à l'égard de Christ. Car, si quelqu'un vient vous prêcher un autre Jésus que celui que nous avons prêché, ou si vous recevez un autre esprit que celui que vous avez reçu, ou un autre évangile que celui que vous avez embrassé, vous le supportez fort bien (2 Co 11.3,4).

Wolfgang rappela à ses chers amis l'exhortation importante de Jude à ses lecteurs, à savoir « combattre pour la foi ». Des hérétiques s'étaient glissés dans l'Église ; c'est pourquoi Jude avait exhorté chaque croyant — et non seulement les leaders — à dénoncer les hérétiques et à lutter courageusement pour la préservation de la vraie foi. Dès le début de sa lettre, Jude écrivit : « Je me suis senti obligé de vous envoyer cette lettre pour vous exhorter à combattre pour la foi qui a été transmise aux saints une fois pour toutes» (Jud 3).

Wolfgang adressa également une lettre séparée aux responsables des Églises, en leur citant de nombreux passages bibliques qui décrivent à quoi ressemblent les faux docteurs et comment les responsables des Églises doivent les combattre. Lorsque les dirigeants des Églises reçurent la lettre, ils découvrirent avec étonnement l'abondance d'informations que la Bible donne sur la nature des faux docteurs et sur la manière de s'opposer à eux. Dans sa lettre, Wolfgang souligna trois exemples significatifs concernant la manière dont Paul, comme un bon berger, défendit l'Évangile et ses Églises contre les attaques des loups. Wolfgang exhorta les bergers des Églises à suivre ces exemples bibliques dans leurs affrontements avec les missionnaires itinérants qui les envahissaient.

a. La lutte contre les loups dans la nouvelle Église d'Antioche

La première attaque de faux docteurs rapportée dans le livre des Actes est celle de docteurs judéo-chrétiens venus de Jérusalem dans l'Église d'Antioche récemment fondée. Ils enseignaient que pour être sauvés, les croyants d'origine païenne devaient se faire circoncire selon la coutume de Moïse. Paul et Barnabas firent immédiatement front contre cet enseignement erroné. Luc rapporte que «Paul et Barnabas eurent avec eux une vive discussion» (Ac 15.2). Il n'y avait aucun moyen d'éviter ces docteurs. Il fallait donc immédiatement les contrer et faire cesser leur enseignement avant que leur faux évangile ne prenne racine dans la pensée des gens.

Peu après la discussion avec ces enseignants judaïsants à Antioche, Paul et Barnabas se rendirent à Jérusalem d'où était partie cette fausse doctrine. Les douze apôtres, les anciens de Jérusalem, ainsi que Paul et Barnabas se mirent d'accord pour examiner à fond cette question. Ils arrivèrent à la conclusion que le salut s'obtient «par la grâce du Seigneur Jésus», «par la foi» en son œuvre expiatoire sur la croix, et non par l'observance de la loi (Ac 15.7-11). Parce que Paul et Barnabas avaient tenu ferme devant les faux docteurs, l'Évangile remporta une éclatante victoire et un sérieux conflit doctrinal fut résolu paisiblement (Ac 15.4-29).

> « Nous ne leur cédâmes pas un instant et nous résistâmes à leurs exigences, afin que la vérité de l'Évangile soit maintenue parmi vous. »
> Galates 2.5

Sachons que si Paul et les autres apôtres n'avaient pas combattu pour défendre l'Évangile contre ces premiers faux docteurs, nous n'aurions pas d'Évangile à proclamer aujourd'hui. Parce que de nombreux hauts responsables et comités ecclésiastiques ont peur de dénoncer activement et de combattre les faux docteurs qui se trouvent au sein de leurs organisations, beaucoup de séminaires et d'Églises ont perdu «la parole de vérité, l'Évangile». Pour nous assurer que nos propres Églises et institutions n'ont pas perdu le message de l'Évangile, dénonçons courageusement l'erreur et défendons «la parole de vérité, l'Évangile de *[notre]* salut» (Ép 1.13).

b. Combattre les loups dans les Églises de la Galatie

Les missionnaires judaïsants itinérants s'étaient également infiltrés dans les nouvelles Églises de la Galatie. Paul écrivit donc cette lettre ardente aux Galates pour arracher ses convertis des mâchoires des loups féroces. Cette remarquable épître aux Églises galates révèle un exemple frappant de la manière dont l'apôtre invite ses lecteurs à se pencher sur l'Écriture pour corriger leurs faux raisonnements. Dans cette lettre, il informe ses destinataires que lorsqu'il se trouvait à Jérusalem, de faux chrétiens avaient déjà tenté d'ajouter la circoncision et l'observance de la Torah au message de l'Évangile. Il leur indique son refus catégorique de compromettre l'Évangile :

> Nous *ne leur cédâmes pas un instant* et nous résistâmes à leurs exigences, afin que la vérité de l'Évangile soit maintenue parmi vous (Ga 2.5 ; italiques pour souligner).

Tout berger fidèle établi sur le troupeau de Dieu doit refuser de céder même un court instant aux faux docteurs et à leur évangile falsifié. La « fidélité » est l'une des facettes du fruit de l'Esprit (Ga 5.22).

c. Corriger les idées et les attitudes des amis et des autres apôtres

Paul fit preuve d'un courage et d'une fidélité extraordinaires à l'Évangile lorsqu'il lui fallut s'opposer à ses frères apôtres et à ses amis intimes. Voyant Pierre et Barnabas se tenir à l'écart des frères et sœurs d'origine païenne afin d'être agréables à certains docteurs légalistes venus de Jérusalem, Paul les accusa de dénaturer l'Évangile et de diviser l'Église :

> Mais lorsque Céphas vint à Antioche, je lui résistai en face, parce qu'il était répréhensible. En effet, avant l'arrivée de quelques personnes de l'entourage de Jacques, il mangeait avec les païens, et, quand elles furent venues, il s'esquiva et se tint à l'écart, par crainte des circoncis. Avec lui les autres Juifs usèrent aussi de dissimulation, en sorte que Barnabas même fut entraîné par leur

hypocrisie. Voyant qu'ils ne marchaient pas droit selon la vérité de l'Évangile, je dis à Céphas en présence de tous... pourquoi forces-tu les païens à judaïser? (Ga 2.11-14.)

Les paroles de Paul peuvent nous sembler dures et intolérantes, elles n'en sont pas moins motivées par son amour pour l'Évangile et le peuple de Dieu. En acceptant même de se dresser contre ses amis et ses collaborateurs, Paul s'acquittait de la tâche que Dieu lui avait confiée de défendre l'Évangile et de préserver «l'unité de l'Esprit par le lien de la paix» (Ép 4.3).

Wolfgang exhorta les dirigeants de l'Église à agir comme Paul et à prendre les mesures immédiates pour empêcher les missionnaires itinérants d'enseigner leur faux évangile. Il leur rappela que c'était exactement ce que Paul attendait de Timothée et de Tite. Lorsque l'Église d'Éphèse se trouva prise dans les griffes mortelles des faux docteurs, Paul ordonna à Timothée «de recommander à certaines personnes de ne pas enseigner d'autres doctrines» et de préserver ainsi l'Église de doctrines hérétiques mortelles (1 Ti 1.3). Et dans sa missive à Tite, l'apôtre ordonne à Tite et aux anciens de l'Église sur l'île de Crète de reprendre «sévèrement» les faux docteurs auxquels «il faut fermer la bouche» (Tit 1.11,13). Laisser ces faux docteurs poursuivre leur œuvre de destruction, cela aurait été commettre un suicide spirituel.

Wolfgang inclut dans sa lettre aux bergers de l'Église une longue citation de Martin Luther, le réformateur protestant du XVIᵉ siècle qui rappelait à tous les pasteurs qu'ils n'ont pas seulement pour mission de paître le troupeau, mais également de chasser les loups prêts à dévorer les brebis :

Le prédicateur ne doit pas seulement nourrir les membres du troupeau en leur enseignant comment devenir de bons chrétiens, il doit aussi empêcher les loups d'attaquer les brebis et de les disperser par leur fausse doctrine et leur erreur. Le diable n'est jamais oisif. De nos jours, beaucoup de gens sont disposés à tolérer notre prédication de l'Évangile tant que nous ne crions pas contre les loups et ne prêchons pas contre les prélats.

Même si je prêche la vérité, nourris bien le troupeau, lui donne un enseignement solide, cela ne suffit pas si je ne le garde pas et ne le protège pas en empêchant les loups de venir et de le disperser[8].

4. CHASSER LES FAUX DOCTEURS HORS DE L'ÉGLISE

Wolfgang fut découragé en apprenant que les Églises qu'il avait fondées étaient déchirées par ces docteurs itinérants. Depuis sa première lettre, les responsables des Églises avaient tenté d'empêcher les missionnaires du mouvement de Melchisédek d'enseigner, mais ceux-ci avaient refusé d'écouter. Ils voulaient même discutailler davantage ! Par ailleurs, bon nombre de croyants s'opposaient les uns aux autres et les Églises étaient de plus en plus divisées sur la question de l'enseignement dispensé par les missionnaires itinérants. C'est pourquoi, dans sa seconde lettre aux leaders des Églises, Wolfgang eut la conviction de devoir insister davantage sur Tite 3.10,11 et les informer que les missionnaires en question formaient un groupe qui créait des divisions ; il fallait donc les en avertir et si ces enseignants refusaient de se soumettre à la discipline de l'Église, il fallait les exclure :

---

8. Ewald M. Plass, éditeur, *What Luther Says : A Practical In-Home Anthology for the Active Christians*, St Louis, Missouri, Concordia Publishing House, 1959, p. 1053, entrée 3351.

> Éloigne de toi, après un premier et un second avertissement, celui qui provoque des divisions[9] ; sache qu'un homme de cette espèce est perverti, et qu'il pèche, en se condamnant lui-même (Tit 3.10,11).

Le mot «avertissement» (ou «remontrance») inclut l'idée d'instruction corrective. Celle-ci cherche à modifier l'attitude ou la doctrine incorrectes dans le but de gagner l'offenseur[10]. Comme le dit un spécialiste, la mention d'un premier et second avertissement indique «le souci pastoral de gagner la personne coupable par des voies pacifiques plutôt que par une mesure disciplinaire, bien que celle-ci ait sa raison d'être si l'offenseur refuse les avertissements[11]». Mais si une personne persiste à vouloir diviser, la troisième et dernière étape consiste à s'éloigner d'elle.

Celui qui refuse d'écouter les mises en garde ou les paroles de correction continuera de diviser le troupeau si on ne l'en empêche pas.

On peut discuter du sens exact de ce que Paul entend par s'éloigner, mais puisque cette personne qui favorise la division est rebelle aux avertissements, têtue et refuse de se soumettre à l'autorité, il est raisonnable de penser que la mesure disciplinaire inclut en dernier recours l'exclusion du fautif. Le terme grec traduit par «éloigne-toi» serait mieux traduit par «chasse» ou «expulse[12]». On ne peut plus raisonner de telles personnes

9. «Celui qui provoque des divisions» (*hairetikos*), désigne une personne qui aime diviser et créer des factions (BDAG, 28).

10. «Avertissement» (*nouthesia*) : «Conseil pour éviter ou faire cesser un type de conduite inadapté, *remontrance, instruction...* Reproche fait dans le calme à propos de la répétition d'une façon impropre de se conduire... *remontrance, reproche* Tit 3.10» (BDAG, 679).

11. Johannes Behm, «*noutheteo, nouthesia*» dans TDNT, 4 (1968) : 1022.

12. *Parateomai* : «Ici, le verbe a probablement le sens de *renvoyer, chasser, expulser*» (BDAG, 764).

qui divisent (qu'il s'agisse de faux docteurs ou d'autres types de gens), car elles aiment par-dessus tout discutailler et se quereller. La seule façon de les arrêter et de mettre fin à leur comportement coupable consiste à les exclure de l'assemblée des croyants.

Paul ajoute qu'il faut appliquer cette mesure disciplinaire à tout individu qui cherche à provoquer des divisions dans l'Église parce qu'il « est perverti et qu'il pèche en se condamnant lui-même » (Tit 3.11). Cette description du caractère de la personne souligne la gravité de la situation et le danger que sa présence constitue pour l'Église. Celui qui refuse d'écouter les mises en garde ou les paroles de correction continuera de diviser le troupeau si on ne l'en empêche pas. Il convient donc de prendre des mesures radicales et sévères, car tant que cette personne est libre d'agir à sa guise dans l'assemblée, elle menace la paix et l'unité.

Pour accentuer la nécessité de prendre des initiatives fortes et décisives en vue de protéger le troupeau, Wolfgang rappela aux responsables de l'Église que Paul avait même livré à Satan deux des faux docteurs qui détruisaient l'Église d'Éphèse :

> Quelques-uns… ont fait naufrage par rapport à la foi. De ce nombre sont Hyménée et Alexandre, que j'ai livrés à Satan, afin qu'ils apprennent à ne pas blasphémer (1 Ti 1.19,20 ; voir aussi 1 Co 5.5).

Ces faux docteurs étaient à l'origine d'une terrible bataille spirituelle entre Satan et Christ, la vérité et les mensonges, le bien et le mal, la lumière et les ténèbres. En prenant l'initiative la plus sévère et la plus radicale possible, l'apôtre exclut ces faux docteurs et les livra à Satan qui leur avait inspiré leurs idées erronées (1 Ti 4.1).

Remarquons toutefois que même dans cette sanction, la compassion n'est pas absente. Paul a corrigé ces deux hommes pour qu'ils apprennent à ne plus « blasphémer ». Un commentateur écrit à ce sujet : « Il y a là une pensée de consolation : en effet, ces deux malfaiteurs ne sont pas irrémédiablement hors de portée de la grâce divine. La terrible sentence qui les frappe a pour but de leur enseigner par la sanction disciplinaire ce qu'ils ont refusé d'apprendre par la vérité[13]. »

5. CORRIGER AVEC DOUCEUR ET FERMETÉ

Observateur attentif des gens, Wolfgang craignait qu'à cause de leur faillite initiale à protéger les Églises, les responsables réagissent ensuite par une colère et une dureté excessive. C'est pourquoi, à la fin de sa seconde lettre aux leaders, il les exhorta à agir conformément aux principes bibliques quant à la conduite à tenir en face de leurs adversaires. Lorsqu'on se trouve en face de faux docteurs et de leurs adeptes, le but n'est pas de les mordre et de les dévorer, mais de les instruire et de les corriger en adoptant soi-même une attitude juste et une façon de faire typiquement chrétienne (2 Ti 2.24-26).

Comme la confrontation avec les faux docteurs est terriblement frustrante, les chrétiens authentiques sont exposés à la tentation naturelle d'agir dans la colère, l'impatience et sans se soucier de l'âme de leurs adversaires. Or, un comportement dur, arrogant et rude ne gagne personne. Il a plutôt tendance à repousser les gens et les incite à durcir leur cœur contre Dieu. En conséquence, lorsque nous nous opposons à ceux qui sont dans l'erreur — et même si nous devons exclure de l'Église les faux docteurs — nous devons le faire en reflétant la nature du Seigneur et en manifestant le fruit de l'Esprit, et non les œuvres de la chair.

---

13. William Kelly, *An exposition of the Two Epistles to Timothy*, 3ᵉ édition, Londres, Hammond, 1948, p.27

Dans ses instructions à Timothée, Paul décrit ce que devrait être le comportement du serviteur du Seigneur lorsqu'il fait face aux faux docteurs et à leurs disciples :

> Or, il ne faut pas qu'un serviteur du Seigneur ait des querelles ; il doit, au contraire, être affable pour tous, propre à enseigner, doué de patience ; il doit redresser avec douceur les adversaires, dans l'espérance que Dieu leur donnera la repentance pour arriver à la connaissance de la vérité, et que, revenus à leur bon sens, ils se dégageront des pièges du diable, qui s'est emparé d'eux pour les soumettre à sa volonté (2 Ti 2.24-26).

Sachons que nous ne jouons pas au plus fin avec des gens qui s'opposent à nous ; nous sommes plutôt engagés dans une guerre contre des forces spirituelles hostiles à Dieu (Ép 6.12-17). Le but de notre mesure disciplinaire est donc d'amener, par la grâce de Dieu, même de faux docteurs à se repentir, «pour arriver à la connaissance de la vérité» et se dégager «des pièges du diable qui s'est emparé d'eux pour les soumettre à sa volonté.» Nous ne devons donc pas adopter les méthodes et les moyens des faux docteurs, mais leur opposer «un enseignement sain et une conduite pieuse[14].»

C'est vraiment effrayant de penser que certaines personnes ont été prises dans les pièges du diable qui en fait ses esclaves. Seul le Seigneur peut les délivrer de cet asservissement, mais nous pouvons être les instruments de son châtiment libérateur. En reprenant nos adversaires dans un esprit de bonté, de patience et de douceur, en leur présentant un enseignement doctrinal sain, il est tout à fait possible que leur cœur s'ouvre et soit gagné au Seigneur.

---

14. Philip H. Towner, *The Letters to Timothy and Titus*, NICNT, Grand Rapids, Eerdmans, 2006, p. 794.

Un savant résume de façon exacte et succincte l'enseignement des épîtres pastorales sur la manière dont le serviteur du Seigneur doit réagir face aux faux docteurs :

> Il est significatif que les épîtres pastorales qui, plus que tout autre écrit néotestamentaire, insistent sur la discipline sous la forme de réprimande, d'interdiction et même d'excommunication le cas échéant, insistent également beaucoup sur la nécessité pour le véritable serviteur de Dieu d'agir avec amour et patience pour que Dieu affranchisse des pièges de Satan ceux qui se sont égarés, et les amène à la repentance (2 Ti 2.24-26)[15].

Wolfgang reconnaissait que certains croyants étaient déjà dans «les pièges du diable» et qu'ils étaient soumis «à sa volonté». Attirant l'attention des responsables des Églises sur Jude 22 et 23, il les exhorta avec insistance à faire preuve de compassion et à tout faire pour délivrer ceux que le diable avait déjà asservis, tout en se protégeant eux-mêmes des ruses subtiles des faux docteurs. Il montra que les paroles de Jude s'appliquaient à leur situation particulière :

> Reprenez les uns, ceux qui contestent ; sauvez-en d'autres en les arrachant du feu ; et pour d'autres encore, ayez une pitié mêlée de crainte, haïssant jusqu'à la tunique souillée par la chair (Jud 22,23).

Wolfgang était un homme compatissant et plein de bonté. Il fut donc terriblement peiné de voir certaines personnes prises dans les pièges mensongers des faux docteurs. Il était décidé à tout faire pour arracher ne serait-ce qu'une seule personne des pièges du diable. Comme bon nombre de ses convertis étaient troublés et séduits par les faux docteurs, il voulait que les responsables d'Églises

---

15. Joachim Jeremias, «*kleis*», dans TDNT, 3, 1965 :752, note 82.

témoignent de la compréhension à ceux qui contestaient et à ceux dont l'âme était menacée de la perdition éternelle.

La seconde lettre de Wolfgang aux leaders des Églises les incita à agir. Ils se réunirent tous et consacrèrent une journée à prier, à jeûner, à étudier l'Écriture et à discuter du contenu de la lettre de Wolfgang. Ils se rendirent compte qu'ils avaient négligé de protéger leurs troupeaux contre les loups et confessèrent publiquement leur faute devant leurs assemblées respectives.

Les enseignants et les leaders les plus qualifiés firent alors face aux faux docteurs. Ils ne discutèrent pas avec eux mais leur enjoignirent en termes on ne peut plus clairs de cesser de propager leurs doctrines erronées. Certains des missionnaires du mouvement de Melchisédek s'en allèrent, mais d'autres restèrent et s'obstinèrent à répandre leurs hérésies et à faire du prosélytisme. Les responsables des Églises recommandèrent à leurs membres de ne plus avoir affaire aux faux docteurs qu'ils exclurent publiquement des assemblées. Quelques membres partirent avec eux, mais la plupart restèrent.

Les croyants eurent fort à faire pour réparer les dégâts occasionnés à leurs relations fraternelles, car beaucoup de paroles amères et d'accusations cruelles avaient été échangées entre eux. La plupart avaient agi de façon charnelle, et non selon l'Esprit. Pour rétablir la saine doctrine et renouer les liens fraternels abîmés, les responsables des Églises décidèrent d'organiser une conférence de cinq jours pour enseigner les principes fondamentaux de l'Évangile ainsi que les attitudes et comportements qui conviennent à une communauté de croyants. Ils invitèrent tous les chrétiens de leur province indienne à y participer. Ils vinrent par milliers et furent fortifiés dans leur foi. Les responsables s'engagèrent eux-mêmes publiquement à enseigner la saine doctrine et à mieux s'équiper pour paître et protéger leurs troupeaux.

La lettre de Wolfgang se terminait par deux textes de l'Écriture pour stimuler et encourager les responsables d'Églises en attendant son retour en Inde :

> Garde le bon dépôt, par le Saint-Esprit qui habite en nous (2 Ti 1.14 ; voir aussi 1 Ti 6.20).

> Et maintenant je vous recommande à Dieu et à la parole de sa grâce [*l'Évangile*], à celui qui peut édifier et donner l'héritage avec tous les sanctifiés (Ac 20.32).

Éloigne de toi, après un premier et un second avertissement, celui qui provoque des divisions.
Tite 3.10

Principes clés à garder en mémoire

1. Si possible, évitez les faux docteurs et les conflits qu'ils provoquent.

2. Si de faux docteurs de l'Évangile se sont introduits dans votre Église et suscitent des querelles, soyez fidèles et courageux. Opposez-vous à eux et faites-les taire.

3. Si vous vous opposez ouvertement aux faux docteurs et à leurs adeptes, corrigez-les, reprenez-les et instruisez-les dans un esprit de bonté, de patience et de grâce.

10

Faire face aux controverses

Or, il ne faut pas qu'un serviteur du Seigneur ait des querelles ; il doit, au contraire, être affable pour tous, propre à enseigner, doué de patience ; il doit redresser avec douceur les adversaires.
2 Timothée 2.24,25

Certaines doctrines constituent le socle de toute la structure de la foi chrétienne. On ne peut nier ces vérités doctrinales sans que l'édifice ne s'écroule. Comme nous l'avons vu au chapitre 9, les faux docteurs de l'Évangile sont à l'origine de sérieuses controverses doctrinales parce qu'ils sapent les fondements de ces vérités essentielles ou les nient.

Mais il existe également des controverses doctrinales parmi les chrétiens évangéliques fermement attachés aux enseignements de l'Écriture. La plupart de ces discussions ne portent pas sur les vérités fondamentales de l'Évangile, mais sur des doctrines que nous qualifierons d'*importantes*, quoique pas *essentielles*. Les désaccords sur ces points ne signifient pas le rejet de l'Évangile ni de l'autorité suprême de l'Écriture, et ils n'ont aucun impact sur le salut éternel.

Parmi les questions doctrinales importantes qui mènent souvent à des controverses, mentionnons l'arminianisme et le calvinisme, le dispensationalisme et la théologie de l'Alliance, le prémillénarisme et l'amillénarisme, la création et l'évolution, le rôle respectif des hommes et des femmes dans l'assemblée chrétienne, le baptême du Saint-Esprit et les dons spirituels, les formes de baptême, la politique ecclésiale, la sanctification. Et pour corser l'affaire, sachons que bon nombre de controverses naissent à l'intérieur même de ces grandes questions.

Posons-nous la question : *Comment gérer les graves désaccords qui existent entre croyants qui, tous, aiment la Parole de Dieu et tout ce qu'elle renferme ?* Le simple fait d'aborder cette question millénaire est compliqué en soi et fait naître des controverses ! Les individus ont toutes sortes de tempéraments et gèrent les controverses de manière différente. Certains ont le sang chaud et ne peuvent aborder une discussion sur des sujets doctrinaux sans élever la voix et adopter des attitudes belliqueuses. Certains campent sur des positions dogmatiques figées tandis que d'autres sont indifférents à tout désaccord doctrinal. Quelques-uns se délectent des controverses, d'autres abordent les désaccords doctrinaux avec objectivité, un esprit d'ouverture et plein de grâce.

La conscience de chaque croyant joue également un rôle dans la manière de régler la question des différences doctrinales. Certains ont une conscience tellement sensible sur le plan doctrinal qu'ils ne peuvent accepter aucun désaccord en la matière. Ils limiteront leur communion fraternelle à un cercle restreint de croyants avec lesquels ils sont pleinement d'accord. D'autres croyants sont capables de tolérer une grande diversité doctrinale sans que cela fasse violence à leur conscience. Ils arrivent à collaborer avec des croyants appartenant à d'autres courants doctrinaux et à d'autres dénominations.

L'héritage religieux d'une personne peut jouer un rôle important dans une controverse doctrinale. Certains croyants ont reçu de leur Église un riche héritage auquel ils sont très attachés. Depuis leur enfance, ils ont été formés dans une tradition dénominationnelle particulière et réagissent parfois avec emportement à toute remise en cause de leurs croyances. D'autres ont grandi à l'abri de toute influence théologique ou dénomination et peuvent considérer la plupart des controverses comme dénuées d'intérêt et d'importance.

Rappelons-nous que les controverses doctrinales sont parfois complexes et incluent plusieurs questions annexes (comme c'est le cas dans la controverse entre l'arminianisme et le calvinisme). Pour compliquer les choses, certains désaccords doctrinaux, comme la question du rôle spécifique des hommes et des femmes dans l'Église et dans la famille sont plus chargés que d'autres sur le plan émotionnel. Il n'existe donc pas de réponses simples au problème des dissensions entre enfants de Dieu au sujet de doctrines importantes de la foi.

On pourrait écrire un livre entier consacré à la question des différences doctrinales, mais je limiterai mes remarques aux comportements et aux attitudes qui conviennent pour gérer les conflits de façon biblique, et je soulignerai quelques vérités bibliques sur lesquelles nous devrions tous être d'accord concernant la gestion des controverses doctrinales. Pour illustrer le problème et donner le ton à la suite du chapitre, considérons le conflit doctrinal entre George Whitefield et John Wesley, deux des plus grands évangélistes et serviteurs de Dieu du XVIIIe siècle. Dieu s'est servi à la fois de Whitefield et de Wesley pour susciter un puissant réveil spirituel en Angleterre et dans ses colonies en Amérique. Pour certains historiens, ces deux réveils, surtout celui dans les colonies américaines, sont parmi les plus grands réveils religieux connus au cours des deux mille ans d'histoire de l'Église.

Les deux hommes furent très liés durant leurs études à Oxford. Ils collaborèrent étroitement dans le travail d'évangélisation jusqu'au jour où il devint manifeste qu'ils s'opposaient sur la question de l'élection divine : George Whitefield était un farouche calviniste et Wesley un ardent arminien. Leur désaccord sur cet important sujet eut pour effets une abondante correspondance frustrante pour les deux, de vives discussions, et beaucoup de tensions entre les deux. Chacun publia et distribua des sermons et des articles pour défendre son point de vue. Chacun estimait que l'autre était victime d'une grave erreur doctrinale et qu'il était impossible de s'entendre sur ce point. Leurs divergences d'opinions alimentèrent des débats passionnels parmi les croyants ; l'amitié et la fraternité entre les deux hommes furent mises à rude épreuve.

Les évangélistes exprimèrent leur aversion pour la controverse qui les avait opposés et qui avait nui au réveil spirituel dont ils avaient été les instigateurs. Dans une lettre à Wesley, Whitefield confesse : « Je ne supporte pas l'idée de m'opposer à toi[1]. » À un autre moment, il écrit : « Renonçons à toute querelle et que chacun de nous ne parle que de Jésus et Jésus crucifié[2]. »

Malgré tous leurs efforts, les deux hommes ne parvinrent jamais à s'entendre sur la question de l'élection divine. Avec le temps, ils se réconcilièrent. Les deux témoignèrent publiquement de leur profond respect et de leur amour sincère l'un pour l'autre. Ils priaient régulièrement l'un pour l'autre, s'écrivirent et tentèrent même d'unir leurs deux mouvements de réveil spirituel.

À la fin de sa vie, Whitefield demanda à Wesley de prêcher à l'occasion de ses funérailles ce que Wesley fit. À cette occasion, il prononça l'éloge du défunt en déclarant : « Nous avons connu bien peu d'hommes au tempérament aussi doux, aux sentiments d'affection aussi abondants et généreusement exprimés... [L'amour] rayonnait de son

---

1. John Pollock, *John Wesley*, Wheaton, Illinois, Victor, 1989, p. 141.
2. Ibid., 150

visage et imprégnait toutes ses paroles[3]. » Animé des mêmes sentiments de respect, Whitefield avait précédemment écrit à Wesley : « La considération que j'ai pour roi est toujours aussi grande, et même plus grande que jamais ; je suis sûr que nous donnerons aux gens de notre temps et des temps à venir l'exemple d'un amour chrétien véritable et permanent malgré nos différences de jugement[4]. »

Wesley et Whitefield nous servent d'exemples. À propos des tensions théologiques entre ces deux légendes de l'histoire de l'Église et des sujets débattus aujourd'hui, Iain Murray livre ce sage conseil biblique :

> Les divergences doctrinales entre croyants ne devraient jamais aboutir à des antagonismes de personnes. L'erreur doit certes être combattue même lorsqu'elle est propagée par de chers frères en Christ, mais si cette opposition ne peut coexister avec un véritable amour pour tous les saints et le désir sincère de leur prospérité spirituelle, alors elle ne glorifie pas Dieu et ne favorise pas l'édification de l'Église[5].

De l'histoire de Wesley et de Whitefield se dégage une grande leçon : le Saint-Esprit peut puissamment se servir de chrétiens consacrés même s'ils défendent des points de vue théologiques sensiblement différents sur des questions doctrinales importantes. De plus, dans nos divergences doctrinales, aussi nombreuses et prononcées qu'elles soient, nous devons adopter une conduite et une attitude conformes à la vraie piété. Les vérités bibliques rappelées ci-après servent de lignes directrices pour nous

---

3. Arnold Dallimore, *George Whitefield : The Life and Times of the Great Evangelist of the 18th Century Revival*, Carlisle, Pennsylvanie, Banner of Truth, 1980, 2 :511

4. Iain H. Murray, *Wesley and Men Who Followed*, Carlisle, Pennsylvanie, Banner of Truth, 2003, p. 71.

5. Iain H. Murray, « Prefatory Note », dans *George Whitefield's Journals*, Carlisle, Pennsylvanie, Banner of Truth, 1960, p. 568.

aider à maintenir la controverse dans une juste perspective lorsque nous sommes en face de désaccords doctrinaux douloureux avec nos chers frères et sœurs en Christ.

1. NOUS SOMMES TOUS SOUMIS À L'AUTORITÉ DE LA BIBLE

Comme pour les chrétiens protestants, aucune personne, aucune dénomination ni aucune Église ne peut parler au nom de tous les croyants et de toutes les Églises, nous sommes tous tenus de chercher la vérité de Dieu dans les saintes Écritures, la révélation écrite. La Bible est notre autorité suprême qui juge nos enseignants, nos traditions et nos Églises. Notre conscience doit rendre compte à la Parole de Dieu.

Tous les docteurs et enseignants, quel que soit leur degré de piété et d'érudition, sont des interprètes faillibles de la Parole de Dieu. Les plus grands maîtres chrétiens des deux mille ans écoulés ont été coupables de mêler l'erreur — et parfois de graves erreurs — à la vérité. Ne mettons donc aucun érudit chrétien, quels que soient son savoir et l'amour dont il a été entouré, sur un piédestal de perfection. Imitons plutôt les chrétiens de Bérée qui, après avoir entendu Paul prêcher l'Évangile, «*examinaient chaque jour les Écritures, pour voir si ce qu'on leur disait était exact*» (Ac 17.11 ; italiques pour souligner). Bien qu'ayant reçu l'Évangile de la bouche de Paul, l'apôtre, les Béréens soumettaient tout ce qu'ils entendaient à l'autorité de l'Écriture.

Dieu désire que tous ses enfants apprennent à le connaître par sa Parole et qu'ils obéissent fidèlement à cette Parole. En présence de controverses doctrinales, ne soyons donc pas des observateurs passifs. Cherchons dans la prière l'assistance du Saint-Esprit pour nous aider à comprendre la Parole de Dieu (1 Jn 2.20,21,27) ; soyons des interprètes fidèles et zélés de cette Parole (2 Ti 2.15) ; consultons d'autres chrétiens, d'autrefois et d'aujourd'hui, qui ont connu et enseigné la Parole de Dieu et continuent de le faire (Ép 3.18). Ne faisons pas l'économie des capacités que Dieu nous a données pour émettre des jugements de valeur, raisonner à partir de l'Écriture, différencier la vérité des mensonges et rechercher les vérités que, dans sa grâce, Dieu nous a données pour que nous les connaissions et en jouissions. Comme l'Écriture elle-même nous le recommande, *«[éprouvons]* les esprits pour savoir s'ils sont de Dieu»* (1 Jn 4.1[6]).

Les controverses sur des doctrines bibliques ne doivent jamais nous priver de la joie de sonder la Parole de Dieu, de l'étudier et de la méditer. Avec son autorité, nous pouvons réfuter les doctrines erronées, abandonner des traditions sans fondements bibliques, affiner le jugement et mettre fin à des divergences (2 Ti 3.16,17). Lorsque nous sommes engagés dans une controverse doctrinale au sein de la famille de Dieu, reconnaissons qu'une grande partie du contenu biblique est parfaitement compréhensible et que les enfants de Dieu sont en mesure de savoir ce qui est nécessaire pour mener une vie morale et sainte qui soit agréable à leur Seigneur. *N'oublions jamais que l'Écriture nous enseigne clairement comment nous devons nous parler les uns aux autres et nous conduire les uns à l'égard des autres* : nous ne devons ni nous mordre ni nous entre-dévorer.

2. IL N'Y A QU'UN ÉVANGILE

Malgré leurs multiples divergences d'opinions, tous les croyants partagent le même point de vue sur les vérités fondamentales qui sauvent leur âme et leur donnent la vie nouvelle. Christ, l'Agneau de Dieu, le Fils divin sans péché,

---

6. Voir aussi 1 Th 5.21 ; 1 Co 12.10 ; 14.29 ; Ap 2.2.

est mort sur la croix pour nos péchés et est ressuscité d'entre les morts (1 Co 15.3,4). C'est par la grâce de Dieu seule, et non par nos efforts humains, que nous sommes justifiés et réconciliés avec Dieu au moyen de la foi (Ro 3.21 – 4.25). Jésus est Seigneur et nous attendons actuellement son glorieux retour qui mettra fin à toutes nos controverses et divisions, et rendra toute la vérité biblique parfaitement limpide. En attendant ce jour, nous devrons vivre et affronter des controverses et des divisions douloureuses, en raison de divergences doctrinales.

Si nous comprenions mieux tout ce que l'Évangile contient, nous prendrions mieux conscience de la quantité de vérité que tous les croyants ont en commun concernant les grands thèmes et les questions ultimes de la vie : Qui est Dieu ? Comment l'univers est-il né ? Quelle est l'origine du mal et de la souffrance ? Quelle est notre autorité en matière de vérité ? Quels sont les principes moraux et éthiques fondamentaux d'une vie sainte ? Comment savoir que nos péchés sont pardonnés ? Où passerons-nous l'éternité ? Peu de gens du monde sont d'accord sur ces questions existentielles fondamentales.

> **« Le meilleur remède contre les divisions entre chrétiens consiste donc à mettre au premier plan la façon de vivre et d'enseigner conforme à l'Évangile. »**
> – Iain Murray

C'est pourquoi, dans nos dissensions doctrinales, dont certaines méritent que nous leur consacrions beaucoup d'efforts et de temps, ne perdons pas de vue notre vocation divine première qui est de faire connaître l'Évangile à un monde perdu. Jusqu'au retour de Christ, occupons-nous principalement de ce qui est au centre de l'Évangile qui nous sauve et nous garde. Rappelons-nous constamment les dernières paroles du Seigneur rapportées dans l'Évangile selon Matthieu :

Allez, faites de toutes les nations des disciples, les baptisant au nom du Père, du Fils et du Saint-Esprit, et enseignez-leur à observer tout ce que je vous ai prescrit (Mt 28.19,20).

En accord avec l'enseignement du Seigneur, Iain Murray nous aide à envisager nos divergences dans une perspective équilibrée :

Parallèlement, il est essentiel de reconnaître que... les différences de compréhension entre les chrétiens ne doivent jamais être plus fortes que la vérité qui les unit en Christ. Dieu se sert de nos incompréhensions et de nos erreurs pour nous humilier et nous rendre plus zélés dans notre recherche de connaître la vérité. Le diable se sert de ces mêmes faiblesses pour séparer les chrétiens les uns des autres et porter atteinte à l'amour et à la sympathie qu'ils se portent... Il voudrait que des sujets qui ne sont pas essentiels au salut prennent tellement d'importance qu'ils suppriment la grande unité entre les chrétiens et que les querelles menacent de détruire « l'œuvre de Dieu » (Ro 14.20). Ce stratagème, Satan l'a utilisé efficacement au temps de la Réformation et à l'époque des puritains. Ce ne sont en effet pas les Laodicéens [Ap 3.14-22] qui sont le plus tentés par ce moyen, mais ceux qui sont les plus attachés à l'Écriture. Le diable se sert des dommages causés par le dogmatisme des controverses sur des sujets secondaires pour tenter d'autres chrétiens qui observent de loin et renoncent à combattre pour la foi.

> Le meilleur remède contre les divisions entre chrétiens consiste donc à mettre au premier plan la façon de vivre et d'enseigner conforme à l'Évangile... Lorsque Christ est mis au premier rang, lorsque le souci de faire des disciples de toutes les nations est la première priorité, la division se produit plus vraisemblablement là où on l'attend, c'est-à-dire entre les croyants et le monde[7].

Il est intéressant de noter que bien qu'en désaccord sur certains points théologiques importants, George Whitefield et John Wesley ont chacun continué à prêcher l'Évangile de Christ crucifié, conduisant ainsi des milliers de personnes à se tourner vers Christ. En dépit de leurs profondes divergences sur des questions doctrinales, aucun d'eux n'oublia d'annoncer l'Évangile aux perdus. Le Saint-Esprit put donc agir efficacement par la prédication de la Parole.

3. NOUS FORMONS UN SEUL CORPS

Le Nouveau Testament présente une Église constituée d'un seul corps, un ensemble universel de frères et de sœurs dans la foi, d'un seul baptême, d'une seule communauté et d'une seule foi :

> Il y a un seul corps et un seul Esprit, comme aussi vous avez été appelés à une seule espérance par votre vocation ; il y a un seul Seigneur, une seule foi, un seul baptême, un seul Dieu et Père de tous, qui est au-dessus de tous, et parmi tous, et en tous (Ép 4.3-6).

Le septuple usage que Paul fait du terme « seul » ou « seule » dans ce passage souligne l'unité du peuple de Dieu. *Cette*

---

7. Iain H. Murray, *Evangelicalism Divided : A Record of Crucial Change in the Years 1950-2000,* Carlisle, Pennsylvanie, Banner of Truth, 2000, p. 309-310.

vérité profonde - «*un seul corps et un seul Esprit*» *– devrait constamment être devant nos yeux et inspirer notre politique ecclésiale, nos controverses doctrinales et nos relations avec tous les autres croyants nés de nouveau.* La vérité de ce «seul corps et *[de ce]* seul Esprit» devrait nous servir d'avertissement et nous empêcher de tomber dans le piège d'une pensée et d'un orgueil coupables et sectaires.

Tous les croyants possèdent la même *vie* divine conférée par l'Esprit, même s'ils ne possèdent pas la même *compréhension* de toutes les doctrines bibliques, ou la même *lumière* sur elles. Malgré nos nombreuses différences, nous formons *le seul corps de Christ et sommes membres les uns des autres.* Nous constituons une famille en étant des fils et des filles du même Père céleste, et des frères et des sœurs du même Frère aîné, Jésus-Christ. Nous invoquons tous le même Dieu et Père et pouvons adorer Christ ensemble. Nous ne devons donc pas nous considérer comme des ennemis les uns des autres, mais comme des membres aimés de la famille de Dieu. La prise de conscience du malheur de nos nombreuses divisions et de nos perpétuelles controverses devrait profondément nous humilier et nous attrister.

N'oublions pas qu'il existe une différence énorme entre les désaccords avec les faux docteurs de l'Évangile (qui ne sont pas de vrais croyants) et les divergences d'interprétations entre les croyants authentiques de la famille de Dieu. L'unité n'existe pas entre nous et ceux qui n'ont pas la vie de Dieu et n'acceptent pas l'Évangile de l'Écriture. Comme le dit Paul aux Corinthiens : «Qu'y a-t-il de commun entre la lumière et les ténèbres? Quel accord y a-t-il entre Christ et Bélial?» (2 Co 6.14,15.) En revanche nous sommes *un* avec nos frères et sœurs en Christ, et nous ferions bien d'imiter la passion ardente pour l'unité du peuple de Dieu, que John Owen, un théologien puritain, exprime dans ces lignes :

Je confesse que j'aimerais mieux, beaucoup mieux, consacrer tout mon temps et mes jours à réparer et colmater les brèches et les schismes entre chrétiens que de passer une seule heure à justifier nos divisions... Mais qui est suffisant pour une telle entreprise ? Mettre fin aux différences entre chrétiens, c'est comme ouvrir le livre scellé de l'Apocalypse : personne n'a la capacité ni la dignité de le faire, ni dans les cieux ni sur la terre, personne, sauf l'Agneau ; quand il déploiera sa grande puissance pour cela, l'unité sera rétablie, mais pas avant. Entre-temps, nous avons le devoir de travailler à la réconciliation de tous les protestants... Lorsque les hommes auront déployé autant d'efforts à promouvoir le principe de la tolérance qu'ils en auront déployés à imposer leurs opinions aux autres, le monde verra la religion sous un autre jour[8].

> **« Maintenez les murs de la séparation aussi bas que possible et serrez-vous la main par-dessus aussi souvent que possible. »**
> **– J. C. Ryle**

L'Écriture proscrit les « divisions » au sein du corps de Christ ; nous devons donc toujours être prompts à « maintenir l'unité de l'Esprit par le lien de la paix » (Ép 4.3). *Nous devons nous efforcer d'exprimer notre unité avec tous les croyants de toutes les façons pratiques possibles.* En même temps, nous sommes tenus de maintenir les vérités de l'Écriture et protéger nos Églises contre toute erreur. Le maintien de l'unité de l'Esprit et des vérités de l'Écriture est un exercice d'équilibriste difficile pour chacun. L'illustration de J. C. Ryle donne a réfléchir

8. Cité par D. Martyn Lloyd-Jones dans *The Puritans : Their Origins and Successors*, Carlisle, Pennsylvanie, Banner of Truth, 1987, p. 75-76.

et montre en même temps comment parvenir à ce juste équilibre : «Maintenez les murs de la séparation aussi bas que possible et serrez-vous la main par-dessus aussi souvent que possible[9].»

Tout comme Wesley resta attaché aux siennes, George Whitefield maintint fermement ses doctrines calvinistes, ce qui ne l'empêcha pas de travailler inlassablement en faveur de l'harmonie entre tous les croyants véritables. Le fait que beaucoup de ses disciples se conduisaient de façon hostile et amère à l'égard de ceux qui ne partageaient pas ses idées l'attrista profondément. Dans une lettre qui expliquait comment il pouvait être bon envers une personne qui adoptait une doctrine légèrement différente de la sienne et qui l'avait froissé, Whitefield exprimait son désir ardent de maintenir l'harmonie avec tous ceux qui aiment le Seigneur, tout en défendant fermement son intégrité doctrinale :

> Mon cœur ne me reproche pas ma bonté et mon amitié envers ceux qui diffèrent de moi. Je pense avoir été conduit par la Parole et l'Esprit de Dieu dans cette façon de me comporter... Je ne peux renoncer à ces précieuses vérités [l'élection divine] dont j'ai senti la force et qui m'ont été enseignées non par les hommes mais par Dieu. Mais en même temps, je tiens à aimer tous ceux qui aiment Jésus, bien qu'ils soient d'un avis différent du mien sur certains points[10].

4. NOUS DEVONS MANIFESTER DES ATTITUDES CHRÉTIENNES

On dit souvent avec regret que la doctrine divise. Mais c'est bien vrai. Et ce n'est pas un problème typiquement chrétien. Toute idée théologique, philosophique ou politique d'une

---

9. J. C. Ryle, *Charges and Adresses*, 1903, réimprimé Edimbourg, Banner of Truth, 1978, p. 297.
10. Dallimore, *George Whitefield*, 2 :76.

certaine pertinence exposée au public divise généralement les gens en camps opposés. C'est une réalité de la vie que nous ne pouvons esquiver.

Bien sûr, la doctrine est également capable d'unir! Les croyants sont unis lorsqu'ils croient les vérités suivantes : l'incarnation de Christ, sa vie indemne terrestre exempte de péché, ses œuvres miraculeuses, sa mort, son ensevelissement, sa résurrection, la proclamation de l'Évangile, sa seconde venue, et la vie éternelle avec lui dans les nouveaux cieux et sur la nouvelle terre. Ces doctrines nous unissent, mais le fait est que d'autres doctrines nous divisent. Les doctrines qui nous divisent en factions hostiles et belliqueuses ne concernent généralement pas des sujets mineurs, mais plutôt des vérités importantes que Dieu a révélées à son peuple.

Nous ne pouvons éliminer toutes les controverses concernant des doctrines bibliques importantes, mais nous pouvons, avec l'aide de l'Esprit, gérer positivement nos façons de nous conduire les uns à l'égard des autres. Nous pouvons faire en sorte que nos attitudes et nos comportements s'inspirent de «la sagesse d'en haut» qui est «premièrement pure, ensuite pacifique, modérée, conciliante, pleine de miséricorde et de bons fruits, exempte de duplicité et d'hypocrisie» (Ja 3.17[11]).

a. N'agissez pas selon la chair

Quelque passionnés que soient leurs désaccords, les croyants habités par l'Esprit doivent refléter le fruit de l'Esprit et non les œuvres mauvaises de la chair. Les querelles doctrinales mettent souvent en évidence le plus mauvais côté de la nature humaine, à savoir les pires œuvres de la chair. C'est pourquoi l'Écriture met en garde : «Ne te laisse

---

11. Voir aussi Ép 4.1-3,32 ; Col 3.12-14 ; Ph 2.5 ; 1 Pi 3.8.

pas vaincre par le mal, mais surmonte le mal par le bien» (Ro 12.21).

Lorsque nous sommes pris dans une querelle doctrinale, maîtrisons notre colère pour qu'elle ne fausse pas notre faculté de raisonner, ne corrompe pas nos attitudes et ne nous pousse pas à juger les autres sans pitié. Empêchons également notre langue de prononcer des propos incendiaires et des affirmations fausses, et de calomnier ceux qui sont d'un autre avis que nous.

Être en désaccord avec un frère sur un sujet doctrinal est une chose, mais l'accabler d'accusations viles et irritées, déformer ses croyances, le traiter comme un démon et agir de façon belliqueuse ou puérile en est une autre.

i. L'orgueil

L'horrible manifestation d'orgueil religieux qui accompagne tellement de controverses doctrinales devrait nous scandaliser. J'ai littéralement vu des croyants rabaisser ceux avec lesquels ils n'étaient pas d'accord et repartir le nez en l'air, affichant ainsi l'orgueil de leur connaissance et de leur justesse doctrinale. Ce comportement illustre la chair en action et non l'œuvre de l'Esprit de Dieu dans la vie (Ga 5.26). L'orgueil religieux, pharisaïque, est totalement inacceptable pour un disciple de Christ. Si seulement nous étions aussi soucieux de notre propre orgueil coupable que nous le sommes des erreurs d'autrui, nous serions de bien meilleurs chrétiens et gérerions nos désaccords avec davantage de grâce.

L'Écriture dit clairement que la connaissance doctrinale sans l'amour et l'humilité ne fait qu'enfler l'ego et ne contribue pas à l'édification du peuple de Dieu[12]. Mettons constamment les gens en garde contre les péchés et les ruses subtiles de l'orgueil religieux.

---

12. 1 Co 8.1-3 ; 13.1-3.

ii. Esprit querelleur

Nous sommes certes exhortés à «combattre pour la foi», mais nous ne devons pas pour autant être des gens querelleurs (Jude 3). Paul fait une distinction entre le commandement de combattre pour la foi, ce que nous devons tous faire, et la possession d'un esprit querelleur. Dans sa lettre aux Romains, l'apôtre assimile l'esprit querelleur à l'une des œuvres de la chair et le met sur le même plan que «l'ivrognerie» et «la débauche» sexuelle (Ro 13.13). Il reproche aux Corinthiens de nourrir des «rivalités» et de «contester[13]» ; il recommande aux Philippiens de «tout» faire sans «murmures ni hésitations» (Ph 2.14). Il oppose les faux docteurs qui ont un penchant malsain pour les querelles et affectionnent «les disputes de mots» au «serviteur du Seigneur» qui ne doit pas avoir «des querelles» (2 Ti 2.24).

Certains croyants sont tellement portés à discutailler et à se battre qu'à mon avis, ils contesteraient Jésus-Christ lui-même s'il était là! Ce sont des personnes qui provoquent une agitation continuelle dans une Église. Elles n'édifient pas l'assemblée des croyants et ne procurent pas la paix. Ce sont non des artisans de paix mais des fauteurs de troubles. Un individu querelleur ne répond pas aux qualifications bibliques pour être ancien dans une Église (1 Ti 3.3).

iii. Factions

Agacé par les «divisions» au sein de l'Église de Corinthe (1 Co 11.18), Paul fait une déclaration choquante qui donne à réfléchir : «Il faut qu'il y ait aussi des sectes parmi vous, afin que ceux qui sont approuvés soient reconnus comme tels au milieu de vous» (1 Co 11.19). Les divisions et les factions sont des œuvres mauvaises de la chair (Ga 5.20)

---

13. 1 Co 1.11 ; 11.16.

et condamnées par l'Écriture (1 Co 1.10). Cependant, dans un certain sens, il « faut qu'il y ait des divisions » (*Semeur*), pour faire ressortir la vraie nature des membres de l'Église. Dieu se sert des querelles et des divisions afin de mettre l'assemblée à l'épreuve et l'obliger à révéler qui sont les fidèles et authentiques serviteurs du Seigneur. Les divisions permettent de séparer l'or des scories. Notre comportement met en lumière notre nature profonde et l'authenticité de notre vie spirituelle.

b. Agir selon l'Esprit

Dans 2 Timothée 2.24-26, Paul indique certes comment faire face aux faux docteurs et à leurs disciples, mais il donne également des conseils sur les bonnes attitudes à adopter vis-à-vis de nos vrais frères dans la foi lorsque nous sommes en désaccord avec eux :

> Or, il ne faut pas qu'un serviteur du Seigneur ait des querelles ; il doit, au contraire, être affable pour tous, propre à enseigner, doué de patience ; il doit redresser avec douceur les adversaires, dans l'espérance que Dieu leur donnera la repentance pour arriver à la connaissance de la vérité, et que, revenus à leur bon sens, ils se dégageront des pièges du diable, qui s'est emparé d'eux pour les soumettre à sa volonté.

Nous devons défendre la doctrine orthodoxe en nous appuyant sur un comportement et un discours orthodoxes.

Si l'apôtre nous exhorte à être affables, patients et doux dans nos altercations avec les faux docteurs et leurs adeptes, à combien plus forte raison devons-nous l'être dans nos rapports avec nos frères et sœurs dans la foi dont nous ne partageons pas toutes les idées !

Si nous consacrions autant de temps pour étudier et pratiquer ce que l'Écriture enseigne à propos de la parole, de la conduite et des attitudes inspirées par l'Esprit que nous en consacrons à l'étude des doctrines sur lesquelles nous sommes en désaccord, nos Églises connaîtraient beaucoup moins de divisions et davantage de discussions théologiques profitables. Nous devons défendre la doctrine orthodoxe en nous appuyant sur un comportement et un discours orthodoxes. Alexander Ross livre le commentaire suivant :

> Rappelons-nous que la vérité du christianisme ne peut être proclamée ni défendue valablement que dans un esprit chrétien, un fait dont les férus de controverses n'ont pas toujours tenu compte. Certains chrétiens passionnés peuvent desservir leur cause en s'appuyant sur des méthodes douteuses ; la théologie la plus saine peut ne pas convaincre les gens du dehors si elle est exposée par des hommes qui veulent toujours avoir raison ou qui sont peu scrupuleux dans leurs façons de gérer les controverses[14].

c. Ne soyez pas naïfs

Certaines de nos divergences doctrinales sont compréhensibles et respectables, mais d'autres ne sont pas acceptables. Les quarante dernières années ont vu paraître une explosion de doctrines aberrantes parmi les croyants attachés à la Bible, depuis le « rendement » au quadruple de l'argent donné à certains évangélistes jusqu'à la déformation de textes bibliques pour justifier le mariage homosexuel.

---

14. Alexander Ross, *The Epistles of James and John*, NICNT, Grand Rapids, Eerdmans, 1954, p. 68.

Il n'est évidemment pas question de tolérer naïvement ces enseignements erronés. Le soin pastoral dont les responsables entourent leurs troupeaux exige que ces fausses doctrines soient combattues et maintenues hors des Églises locales. Des chrétiens peuvent être fortement trompés dans leurs croyances. Dieu a confié au berger le soin de protéger le troupeau contre tout mal. Le vrai berger cherchera donc à exposer les séductions et à mettre l'erreur en pleine lumière. La manière ferme et tendre avec laquelle Paul s'est comporté vis-à-vis des Corinthiens montre comment un bon berger avertit, reprend et instruit patiemment les brebis égarées sur le plan doctrinal. Son amour profond pour les Corinthiens l'a incité à dénoncer leurs fausses croyances et leurs mauvais comportements. Nous aurons peut-être nous aussi le devoir, comme Paul, de mettre en garde : «Ne vous y trompez pas, les mauvaises compagnies corrompent les bonnes mœurs. Revenez à vous-mêmes» (1 Co 15.33,34).

Dans certains domaines doctrinaux, nos divergences peuvent être tellement importantes qu'elles nous empêchent de collaborer avec certains chrétiens. Mais dans la mesure où ce sont des frères et des sœurs en Christ, nous pouvons prier ensemble et cultiver une communion sur le plan personnel. Nous mettons alors nos différences de côté et insistons sur notre communion fraternelle et sur nos croyances communes. Comme le disait Whitefield à Wesley : «Renonçons à toute querelle et que chacun de nous ne parle que de Jésus et Jésus crucifié[15].»

5. AVANT TOUT, AIMER DIEU ET LE PROCHAIN

Les deux plus grands commandements de la Bible nous imposent d'aimer Dieu et notre prochain :

---

15. Pollock, *John Wesley*, 150

> Tu aimeras le Seigneur, ton Dieu, de tout ton cœur,
> de toute ton âme, et de toute ta pensée. C'est
> le premier et le plus grand commandement. Et
> voici le second, qui lui est semblable : Tu aimeras
> ton prochain comme toi-même. De ces deux
> commandements dépendent toute la loi et les
> prophètes (Mt 22.37-40).

Nous pouvons avoir une théologie systématique «parfaite», mais si nous n'aimons pas le Seigneur notre Dieu de tout notre cœur et si nous n'aimons pas notre prochain avec lequel nous sommes en désaccord, notre doctrine et notre pratique restent défectueuses.

On peut se demander si, devant le tribunal de Christ, nous serons interrogés sur notre doctrine prémillénariste ou amillénariste. Mais ce qui est sûr, c'est que nous serons jugés sur notre amour pour Dieu et pour notre prochain. Car le Seigneur lui-même a déclaré : «De ces deux commandements dépendent toute la loi et les prophètes» (Mt 22.40). «Il n'y a pas d'autre commandement plus grand que ceux-là» (Marc 12.31).

Aucun d'entre nous ne peut se targuer d'avoir une doctrine absolument parfaite, mais nous pouvons cependant aimer Dieu et notre prochain malgré nos lacunes doctrinales. Ceux dont nous ne partageons pas les idées sont souvent de précieux chrétiens qui aiment le Seigneur, évangélisent, servent Christ, sont résolument engagés dans le soutien aux missions et aux œuvres caritatives. *Nous devrions être capables de reconnaître et d'approuver leur amour pour Christ et les sacrifices qu'ils consentent au service d'autrui.* Il se peut même que nous ayons à admettre qu'ils font preuve d'un plus grand amour pour Dieu et pour le prochain que nous.

Whitefield était en profond désaccord avec Wesley, mais il reconnaissait volontiers l'amour de Wesley pour Dieu et pour les perdus. Un sévère professeur de religion demanda un jour à Whitefield «s'il pensait qu'ils verraient John Wesley au ciel.

— Non, répondit Whitefield, je crains que nous ne le verrons pas. Il sera si près du trône et nous-mêmes, nous serons tellement loin, que nous aurons de la peine à le voir[16]».

Nous devrions tous tendre à aimer toujours davantage Dieu et notre prochain, et nous encourager mutuellement à maintenir le cap prioritaire sur l'amour pour Dieu et pour le prochain. De ce point de vue, nous pouvons tous être du même avis!

La nuit qui précéda sa crucifixion, le Seigneur donna un commandement nouveau à ses disciples : *Aimez-vous les uns les autres comme je vous ai aimés* (Jn 13.34,35). En accord avec l'enseignement du Seigneur, Pierre déclare : «Avant tout, ayez les uns pour les autres un ardent amour, car l'amour couvre une multitude de péchés» (1 Pi 4.8). En flagrante opposition aux faux docteurs qui se servent de ruses trompeuses dans leurs discours, les croyants doivent professer «la vérité dans l'amour», ce qui permet à l'Église de grandir à la ressemblance de Christ (Ép 4.14,15). Paul rappelle aux Corinthiens qui se déchirent que l'amour «n'est point envieux», qu'il «ne se vante pas» ; l'amour, et lui seul, excuse tout, croit tout, espère tout, supporte tout (1 Co 13.4,7). Il conclut sa lettre à l'Église de Corinthe en disant : «Que tout ce que vous faites se fasse avec amour» (1 Co 16.14). Les mots «tout ce que vous faites» incluent certainement la manière d'aborder les controverses doctrinales! L'amour, inspiré de l'exemple de Christ, que nous nous portons les uns aux autres dans le corps de Christ est la clé permettant de bien gérer nos multiples controverses irritantes et nos divisions guerrières.

---

16. J. C. Ryle, *Christian Leaders of the Eighteenth Century*, 1885, réimprimé, Carlisle, Pennsylvanie, Banner of Truth, 1978, p. 60.

L'une des merveilleuses vertus de l'amour de Christ est qu'il comprend l'épouvante et la difficulté que nous éprouvons lorsque les croyances auxquelles nous sommes attachés depuis si longtemps sont attaquées ou niées. L'amour sait que pour certains croyants les désaccords doctrinaux sont traumatisants sur le plan émotionnel, alors que pour d'autres les interactions intellectuelles sur des questions doctrinales sont intellectuellement stimulantes.

L'amour cherche à comprendre et à protéger les personnes aimées, et pas simplement à triompher par le raisonnement ou à écraser l'adversaire. C'est pourquoi, lorsque nous nous disputons pour des questions doctrinales, gardons en mémoire la règle d'or de l'amour : «Tout ce que vous voulez que les hommes fassent pour vous, faites-le de même pour eux, car c'est la loi et les prophètes» (Mt 7.12).

> **«... nous donnerons aux gens de notre temps et des temps à venir l'exemple d'un amour chrétien véritable et permanent malgré nos différences de jugement.»**
> **– George Whitefield**

Si nous voulons que les autres présentent nos croyances de façon exacte, nous devons faire de même avec les doctrines de nos opposants.

Si nous voulons être traités avec respect, montrons du respect à ceux qui ont des points de vue différents des nôtres.

Si nous voulons être considérés avec bienveillance et compréhension, montrons de la bienveillance et de la compréhension à ceux qui s'opposent à nous.

Si nous voulons que les gens voient ce qu'il y a de bien et de juste dans ce que nous faisons et croyons, reconnaissons et approuvons le bien chez les autres.

Si nous voulons que les autres écoutent ceux qui nous enseignent et en qui nous avons confiance, et lisent leurs ouvrages, soyons prêts à écouter les enseignants des autres et à lire leurs ouvrages (1 Co 3.21-23).

John Wesley et George Whitefield ne parvinrent jamais à s'entendre sur certains points importants de la doctrine chrétienne. Ils s'unirent parfois dans le ministère, mais leur coopération resta limitée à certains domaines. Par la grâce de Dieu, ils se conduisirent cependant l'un envers l'autre en hommes de Dieu régis par des principes solides. Ils soumirent leur esprit et leur conduite aux commandements de l'Écriture. De ce point de vue, ils sont des exemples pour nous tous. Whitefield écrivit un jour à Wesley ces paroles remarquables : «... nous donnerons aux gens de notre temps et des temps à venir l'exemple d'un amour chrétien véritable et permanent malgré nos différences de jugement[17].» À cet égard, ils réussirent grandement. Puissions-nous, en tant que disciples de Jésus-Christ, par sa grâce et la puissance de son Esprit, chercher à vivre nous aussi comme des exemples d'amour chrétien.

Ayez les mêmes sentiments les uns envers les autres...
Ne soyez point sages à vos propres yeux.
Romains 12.16

---

17. Iain H. Murray, *Wesley and Men Who Followed*, Carlisle, Pennsylvanie, Banner of Truth, 2003, p. 71.

Principes clés à garder en mémoire

1. Lorsque vous êtes engagés dans une querelle doctrinale, rappelez-vous que tous les chrétiens authentiques sont d'accord sur les vérités essentielles et fondamentales qui sauvent notre âme et nous procurent la vie nouvelle.

2. Ne perdons jamais de vue la mission que Dieu nous a confiée, celle de faire connaître l'Évangile à un monde perdu.

3. Nous ne pourrons jamais éliminer complètement la controverse doctrinale, mais nous pouvons maîtriser nos attitudes et comportements. *Que tout ce que nous faisons soit fait avec amour.*

Appendice

Le sens du mot *chair*

La *chair* (grec *sarx*) est littéralement la partie molle du corps. Comme l'herbe et les fleurs des champs, la chair est périssable, passagère, fragile et de durée éphémère (1 Pi 1.24,25). L'Écriture utilise le terme *chair* dans plusieurs sens pour désigner le corps physique dans sa totalité, une personne individuelle, toute la race humaine, l'Israël ethnique ou la descendance d'un individu.

1. LES PASSIONS ET LES ŒUVRES DE LA CHAIR

Dans plusieurs passages de la lettre aux Galates[1], le mot *chair* prend une connotation négative pour décrire la condition humaine déchue, privée de la vie de Dieu. Certains savants font de cet usage négatif du mot *chair* leur sens éthique, technique ou théologique. La chair est liée au «présent siècle mauvais» dont Christ a délivré son peuple (Ga 1.4). Elle correspond à l'ordre ancien, terrestre et temporel qui est soumis à la puissance du péché ; elle est faible, corruptible et vouée à la destruction. Aucune pratique religieuse ne peut réformer la chair ni la rendre acceptable aux yeux de Dieu. À l'opposé, l'«Esprit» est de Dieu et correspond au nouvel ordre éternel. Seul l'Esprit peut vivifier et remporter la victoire sur la chair.

Galates 5 révèle que la chair est hostile à l'Esprit et agit indépendamment de lui dans la vie du chrétien. Elle a des

---

1. Ga 5.13,16,17,19-21,24 ; 6.8.

passions et des désirs[2] coupables qui sont contraires aux désirs de l'Esprit :

> Car la chair a des *désirs* contraires à *ceux* de l'Esprit, et l'Esprit en a de contraires à *ceux* de la chair ; ils *sont opposés entre eux*, afin que vous ne fassiez point ce que vous voudriez (Ga 5.17 ; italiques pour souligner).

Par ailleurs, Galates 5.19 affirme que « les œuvres » qui émanent de la chair sont évidentes pour le peuple de Dieu quand elles se manifestent dans notre comportement ou dans celui d'autrui. Les « œuvres de la chair » incluent toutes sortes de péchés imaginables : débauche sexuelle, cupidité, paresse, ambition égoïste, ivrognerie, idolâtrie, jalousie, querelles intestines, division et vaine gloire (Ga 5.19-21,26).

La chair se préoccupe de ses propres intérêts et de son épanouissement personnel (Ga 5.13). Elle s'oppose radicalement à l'amour et au service humble (Ga 5.14) ; elle cause la destruction de la communauté des croyants (Ga 5.15,26). Paul avertit solennellement ses lecteurs que ceux qui s'adonnent régulièrement aux œuvres de la chair n'hériteront pas le royaume de Dieu (Ga 5.21 ; 6.8).

2. DEUX SPHÈRES D'EXISTENCE

D'après le Nouveau Testament, il existe deux domaines contrastés d'existence. Les êtres humains sont soit « en Adam », soit « en Christ[3] ». Il y a « le vieil homme » et « l'homme nouveau[4] ». Il y a une vie « selon la chair » et une vie « selon l'Esprit[5] ». Être identifié à Adam et à sa race, c'est vivre dans l'asservissement au péché, à la mort et à la chair. Être identifié à Christ et à sa race nouvelle (Ép 2.15), c'est

2. Ga 5.24 ; voir aussi Ga 5.16,17 ; Ro 13.14 ; Ép 2.3 ; 1 Pi 2.11 ; 1 Jn 2.16.
3. Ro 5.12-21 ; 1 Co 15.21,22,45-49.
4. Ép 4.21-24 ; Col 3.9,10 ; Ro 6.6.
5. Ro 8.4,7-13.

avoir la vie nouvelle, et être affranchi de l'asservissement au péché et à la chair.

Avant leur conversion à Christ, tous les croyants vivaient « dans la chair » (Ro 7.5) et, comme toutes les personnes non régénérées, ils vivaient « selon les convoitises de *[leur]* chair, accomplissant les volontés de la chair » (Ép 2.3). Ils étaient « morts » par leurs « offenses et par l'incirconcision de *[leur]* chair » (Col 2.13). Paul révèle la condition horrible de ceux qui vivent et marchent selon la chair :

> Et l'affection de la chair, c'est la mort, tandis que l'affection de l'Esprit, c'est la vie et la paix ; car l'affection de la chair est inimitié contre Dieu, parce qu'elle ne se soumet pas à la loi de Dieu, et qu'elle ne le peut même pas. Or, ceux qui vivent selon la chair ne sauraient plaire à Dieu (Ro 8.6-8).

Ensuite, l'apôtre souligne une vérité remarquable :

> Pour vous, vous ne vivez pas selon la chair, mais selon l'Esprit, si du moins l'Esprit de Dieu habite en vous... Ainsi donc, frères, nous ne sommes point redevables à la chair, pour vivre selon la chair (Ro 8.9,12).

Les croyants ne vivent pas « selon la chair, mais selon l'Esprit »! Au moment de sa conversion, l'être humain meurt à l'ancienne sphère d'asservissement au péché et commence à vivre dans la sphère nouvelle de l'Esprit. C'est pourquoi les croyants marchent « non selon la chair mais selon l'Esprit » (Ro 8.4).

Si nous sommes croyants, nous nous sommes dépouillés « du corps de la chair » au moment de notre conversion par notre union avec Christ dans sa mort (Col 2.11). Nous ne sommes donc plus sous l'esclavage et la domination de la chair. Au contraire, nous sommes nés « selon l'Esprit » et sommes devenus une « nouvelle création » en Christ

(Ga 6.15 ; 2 Co 5.17), ce qui nous introduit d'office dans la sphère de la vie éternelle et de la paix (Ro 8.6), affranchis « de la loi du péché et de la mort » (Ro 8.2). Cette nouvelle qualité de vie s'efforce de plaire à Dieu et de le servir, et de mener une vie juste conforme à la Parole de Dieu. Elle produit des façons de vivre et des attitudes semblables à celles de Christ (Ga 5.22,23).

3. LUTTER CONTRE LA CHAIR

Contrairement au non-chrétien qui vit selon les passions et les désirs de la chair, tous les croyants ont, au moment de leur conversion, connu une rupture avec la chair d'une manière décisive et qui change la vie. Ils « ont crucifié la chair avec ses passions et ses désirs » (Ga 5.24), et vivent désormais « par l'Esprit » qui leur confère la vie nouvelle et la force de triompher du péché et de la chair (Ga 5.25 ; voir aussi Ro 8.2).

Bien que « la chair » et « le vieil homme » aient été crucifiés, il est tristement manifeste que les croyants pèchent encore. Nous ne sommes pas à l'abri des tentations des désirs charnels ou du péché (voir Ro 6.12 ; 8.13 ; Ga 5.16,17). Il y a une raison de cette contradiction apparente : les croyants doivent encore être entièrement délivrés de ce monde de péché et de mort. *La puissance et l'esclavage du péché ont été brisés, et les croyants ont reçu l'Esprit, mais le corps n'a pas encore été racheté, si bien que le péché et la chair continuent de menacer et de tenter les croyants.* Ce n'est qu'à la mort ou à la consommation finale que nous connaîtrons la pleine libération – la rédemption du péché, de la chair et du corps non encore racheté (Ro 8.23) :

> Puisque la résurrection est encore à venir, les croyants ne sont pas libérés de tous les aspects du présent siècle mauvais (voir 1 Co 15.20-28). Ils connaîtront encore la mort, qui est la conséquence

du péché introduit par le premier Adam. Mais ils ont la victoire assurée sur la mort parce qu'ils sont incorporés au second Adam. De même, les croyants ne jouissent pas d'une délivrance complète du péché dans le temps présent, au point de ne plus pécher du tout. Ce qui a été ébranlé, ce n'est pas la *présence* du péché mais sa *tyrannie* sur les croyants. Paul utilise de nombreuses expressions pour bien montrer qu'il parle de la fin de la domination du péché et non d'une vie présente parfaite et exempte de péché[6].

Dans ce combat entre «les désirs de la chair» et «les désirs de l'Esprit», les croyants ne sauraient être neutres. Les écrivains néotestamentaires mettent leurs lecteurs en garde contre la tentation d'agir selon la chair, comme ils le faisaient avant leur conversion. Paul incite les Galates à ne pas faire de leur nouvelle liberté en Christ «un prétexte de vivre selon la chair» (Ga 5.13). À ses lecteurs de Rome, l'apôtre écrit : «Nous ne sommes point redevables à la chair, pour vivre selon la chair» et : «N'ayez pas soin de la chair pour en satisfaire les convoitises» (Ro 8.12 ; 13.14). Pierre, lui, dit à ses destinataires : «Bien-aimés, je vous exhorte, comme étrangers et voyageurs sur la terre, à vous abstenir des convoitises charnelles qui font la guerre à l'âme» (1 Pi 2.11).

Galates 5 enseigne que la victoire sur la chair s'obtient par la présence du Saint-Esprit et par une marche conforme à ses directives (Ga 5.16,18,25 ; 6.8). Le commentaire de Thomas Schreiner mérite d'être cité :

Il en est résulté un conflit entre la chair et l'Esprit, ce qui permet de comprendre pourquoi il est si important que les croyants marchent selon l'Esprit et soient conduits par lui. Marcher selon l'Esprit

---

6. Thomas R. Schreiner, *Romans*, BECNT, Grand Rapids : Baker, p. 317

n'est donc pas une promenade d'agrément le long d'une côte balayée par une brise légère ; en effet, la chair lutte contre l'Esprit et l'Esprit fait la guerre à la chair. Paul n'en reste pas moins foncièrement optimiste en affirmant que celui qui marche selon l'Esprit et qui est conduit par lui remportera une victoire substantielle, significative et visible sur la chair[7].

4. MORT AU PÉCHÉ ET VIVANT POUR DIEU

De même que la lettre aux Galates envisage les croyants comme ayant crucifié la chair et vivant par l'Esprit, celle aux Romains décrit les croyants comme morts au péché par leur union (Ro 6.4,5) avec Christ dans sa mort, son ensevelissement et sa résurrection : « Notre vieil homme a été crucifié avec lui, afin que le corps du péché soit réduit à l'impuissance, pour que nous ne soyons plus esclaves du péché » (Ro 6.6).

Avant leur conversion, tous les croyants étaient « esclaves du péché » (Ro 6.17,20). Mais par notre union avec Christ, nous « sommes morts au péché » (Ro 6.2) et avons été « affranchis du péché » (Ro 6.7,18,22). *La mort et la résurrection de Christ, et la venue du Saint-Esprit ont donc mis fin au règne du péché dans la vie du croyant*[8]. Comme le dit succinctement un commentateur de la Bible, « le péché subsiste, mais il ne règne plus dans la vie du croyant[9] ». C'est pourquoi Paul exhorte tous les chrétiens à se considérer « comme morts au péché, et comme vivants pour Dieu en Jésus-Christ » (Ro 6.11).

Comme nous sommes morts au péché et vivants pour Dieu, Paul peut ajouter : « Que le péché ne règne donc point

7. Thomas R. Schreiner, *Galatians*, ZECNT, Grand Rapids, Zondervan, 2010, p. 345.
8. Ro 6.2,7,11,14,18,22.
9. Ben Witherington, *Grace in Galatia : A Commentary on St Paul's Letter to the Galatians*, Grand Rapids, Eerdmans, 1998, p. 378.

dans votre corps mortel, et n'obéissez pas à ses convoitises » (Ro 6.12). Paul ne pourrait pas tenir ce langage à une personne non régénérée. Celui qui n'est pas régénéré est encore dans la chair et esclave du règne et de la tyrannie du péché. Il a besoin, selon les termes de Jésus, de naître « de nouveau » et de naître « de l'Esprit » (Jn 3.3-8), de passer « de la mort à la vie » (Jn 5.24). Les croyants, eux, ne sont plus les esclaves dociles du péché. Par leur identification avec Christ dans sa mort, son ensevelissement et sa résurrection (Ro 6.3,4), ils sont ressuscités pour marcher « en nouveauté de vie » (Ro 6.4).

Le Nouveau Testament ordonne donc à tout croyant de marcher « selon l'Esprit », autrement dit de mener sa vie chrétienne par la puissance et selon les directives du Saint-Esprit (Ga 5.16,18,25 ; 6.8). La présence habilitante du Saint-Esprit est, pour le croyant, le moyen de résister au péché et à la chair. Lorsque nous marchons « selon l'Esprit », nous n'accomplissons pas « les désirs de la chair » (Ga 5.16). C'est donc bien une promesse de victoire sur la chair. La marche selon l'Esprit est l'antidote biblique au problème de la chair.

Permettez-moi d'illustrer ce mécanisme par l'histoire de cinq étudiants universitaires qui partageaient le même appartement. L'un d'eux était croyant, les autres non. Les quatre incroyants ne pouvaient pas s'exprimer autrement que dans un langage ordurier et attendaient avec impatience le week-end pour pouvoir boire plus que de raison et s'amuser avec les filles. Ils ne vivaient que pour satisfaire les passions et les désirs de la chair.

Après une année de vie ensemble, l'étudiant chrétien amena ses quatre colocataires à Christ. On remarqua immédiatement un changement radical dans les attitudes et les comportements des quatre nouveaux chrétiens. Sans que leur camarade ne fasse la moindre remarque sur leur langage, chacun des quatre nouveaux convertis arrêta de jurer. Ils ne participèrent plus aux beuveries et comprirent qu'ils ne pouvaient plus traiter les femmes comme des objets sexuels pour satisfaire leurs désirs égoïstes. Ils commencèrent même à participer à des réunions d'étude biblique, à rencontrer d'autres chrétiens à l'Église et à rechercher chacun une épouse chrétienne. Ils se rendirent compte immédiatement qu'ils possédaient un nouveau pouvoir sur le péché et sur la chair, ainsi que de nouveaux centres d'intérêt et objectifs dans la vie. Ils ne vécurent plus pour satisfaire «les passions de la chair» (Ép 2.3).

Ces jeunes gens pèchent encore ; il leur arrive de se mettre en colère et de convoiter les femmes, mais l'Esprit a ancré dans leur esprit une nouvelle conviction concernant le péché. Leur conscience est sensibilisée et s'efforce de discerner leur désobéissance à la Parole de Dieu. Quand ils pèchent, ils le confessent et cherchent à se conduire d'une manière qui plaise à leur nouveau Seigneur et Maître. Voici ce qu'est la nouvelle naissance opérée par l'Esprit dans la vie de ceux qui placent leur confiance en Christ pour leur salut et qui ont «crucifié la chair avec ses désirs» (Ga 5.24).

5. LES ÉTAPES PRATIQUES VERS LA VICTOIRE

Comme les croyants auront constamment à lutter contre le péché et contre la chair, l'Écriture donne des indications pratiques permettant de remporter la victoire :

- Nous devons comprendre ce qu'est notre nouvelle identité «en Christ», croire ce que Dieu déclare dans sa Parole à propos de notre vie nouvelle selon l'Esprit, et agir en conséquence. «Ainsi vous-mêmes, regardez-vous comme morts au péché, et comme vivants pour Dieu en Jésus-Christ» (Ro 6.11 ; voir aussi 8.2). «Car le péché n'aura point de pouvoir sur vous, puisque

vous êtes, non sous la loi, mais sous la grâce»
(Ro 6.14).

• Marchons au jour le jour et à chaque heure selon
l'Esprit (Ga 5.16), en suivant les indications de
l'Esprit (Ga 5.18,25), et semons «pour l'Esprit»
(Ga 6.8).

• Sous prétexte de notre nouvelle liberté en Christ,
ne laissons pas la chair s'appuyer sur ce qui est bon,
pour nous faire tomber dans les manifestations
égoïstes de la chair (Ga 5.13).

• Grâce à la puissance de l'Esprit, abstenons-nous
«des convoitises charnelles qui font la guerre à
l'âme» (1 Pi 2.11).

• N'ayons «pas soin de la chair pour en satisfaire les
convoitises» (Ro 13.14).

• «Par l'Esprit», faisons «mourir les actions du
corps» (Ro 8.13 ; voir aussi Col 3.5). Aucune
pratique religieuse, de quelque sorte qu'elle soit,
ne peut réformer la chair. Celle-ci n'a aucun avenir
éternel. Elle doit être mise à mort.

• Nous devons nous donner «à Dieu, comme étant
vivants de morts que [nous étions]» et lui offrir
«[nos] membres, comme des instruments de
justice» (Ro 6.13 ; voir aussi 6.19). Nous devons
offrir «[nos] corps comme un sacrifice vivant»
(Ro 12.1).

- Nous ne devons pas livrer «[nos] membres au péché, comme des instruments d'iniquité» (Ro 6.13), et ne pas nous «conformer au siècle présent» (Ro 12.2).

Lorsqu'ils cherchent à comprendre comment «marcher selon l'Esprit», les croyants demandent souvent quelle est la relation entre notre responsabilité personnelle et l'œuvre active du Saint-Esprit en nous pour nous amener à faire la volonté de Dieu. Pour répondre à cette question pertinente, je ne peux faire mieux que citer les commentaires de Richard Longnecker et de Graham Cole :

> Paul n'a jamais conçu l'activité éthique du croyant indépendamment de l'œuvre de l'Esprit, ni les directives éthiques et le revêtement de puissance de l'Esprit indépendamment de l'expression active de la foi du croyant[10].

> Dans ce processus, il y a concomitance entre les deux agents. Dieu est à l'œuvre, mais le croyant également, comme le rappelle Philippiens 2.12,13... La manière dont l'Esprit opère positivement et négativement ces changements ne nous est pas révélée. Le mystère subsiste. L'Écriture n'émet pas d'hypothèses. Elle ne lance pas des théories sur la nature des réalités ou des mécanismes. Elle affirme en revanche que certaines réalités sont conformes à ce qu'elle dit ; le chrétien né de nouveau vit en croyant qu'il en est ainsi et, ce faisant, il découvre qu'effectivement, elles sont ainsi (*solvitur ambulando*, «il découvre la solution en avançant[11] »).

---

10. Richard N. Longnecker, *Galatians*, WBC, Dallas, Texas, Word, 1990, p. 266.
11. Graham A. Cole, *He Who Gives Life : The Doctrine of the Holy Spirit*, Wheaton, Illinois, Crossway, 2007, p. 229.

Index des auteurs cités

Index des références bibliques

« **Publications Chrétiennes inc.** » est une maison d'édition québécoise fondée en 1958. Sa mission est d'éditer ou de diffuser la Bible ainsi que des livres et brochures qui en exposent l'enseignement, qui en démontrent l'actualité et la pertinence, et qui encouragent la croissance spirituelle en Jésus-Christ.

PUBLICATIONS
CHRÉTIENNES

Pour notre catalogue complet :
www.publicationschretiennes.com

Publications Chrétiennes inc.
230, rue Lupien, Trois-Rivières, Québec, CANADA – G8T 6W4
Tél. (sans frais) : 1-866-378-4023, Téléc. : 819-378-4061
commandes@pubchret.org

www.ingramcontent.com/pod-product-compliance
Lightning Source LLC
Chambersburg PA
CBHW071334090426
42738CB00012B/2899